La Martinique

Vendu

   au Bénéfice

      des Sinistrés

M. ÉTIENNE.

SOUS-SECRÉTAIRE D'ÉTAT AUX COLONIES

LES OURAGANS

E 1657 au 18 mars 1858, on relève à la Martinique, soixante-sept ouragans, la plupart compliqués de tremblements de terre, sans compter ceux qui ne sont pas catalogués ! C'est-à-dire que parmi les convulsions terribles qui ont pu être classées officiellement, étiquetées scientifiquement, il y a eu en bloc, de 1657 à 1858, dans l'espace de deux cent un ans, soixante-sept sinistres, soit une catastrophe tous les trois ans. Et encore ne fais-je point entrer en ligne, dans ce lugubre calcul, la colligation des météores qui eurent lieu pendant la dernière période de trente-trois ans (1858 à 1891), afin de ne présenter qu'un tableau d'ensemble absolument exact.

Soixante-sept sinistres ! Le simple énoncé de ce chiffre frappe comme un deuil, stupéfie par son invraisemblance, trouble comme une légende des temps fabuleux.

Soixante-sept sinistres !...

On se demande avec une terreur anxieuse s'il est bien vrai, s'il est possible, qu'une population puisse vivre et prospérer sur un sol si redoutable, sous un climat si terrible.

Soixante-sept sinistres !...

Près d'un par an. L'angoisse perpétuelle, l'affollement à jet continu !...

L'épée suspendue par un fil au-dessus de la tête de Damoclès était moins terrifiante.

S'attendre chaque jour, à chaque heure, à chaque minute, à chaque seconde ! à sentir la terre onduler, s'entr'ouvrir, les murs se désagréger sous une force invisible et s'affaisser brusquement, lapidant hommes, femmes, enfants, vieillards, tout ce qui vit, et faisant à leur chair meurtrie et déchirée, à leurs ossements broyés, réduits en une bouillie informe, un sépulcre de ces mêmes pierres qui avaient abrité leurs joies et leurs tendresses ! Et encore, planant sur ces catastrophes qui jettent en l'âme de mystérieux effrois, des tempêtes infernales. Le vent qui rase la plaine et les montagnes, qui emporte les toits, coupe les arbres et soulève les édifices comme un génie malfaisant des Mille et une Nuits ; des hurlements de Noroi, lugubres comme des plaintes de damnés, dont les stridences glacent le sang jusqu'aux moelles, au milieu des débris qu'il sème, à poignée, sur la foule qui frissonne et qui fuit, au hasard, droit devant elle, éperdue, sans une pensée que la peur. Sur la route, à travers les sentes, partout, elle roule avec des ondulations épouvantées d'armée en déroute. Débâcle d'hommes, banquise humaine, disloquée, emportée par un courant d'eau chaude, chassée vers l'inconnu, impitoyablement. Détresse immense ! Et tous, dans leur course effrénée et sans but, ont des serpents pour compagnons, des araignées gigantesques velues et venimeuses pour cortège, tout ce qu'une terre torride produit de monstrueux, de répugnant, d'immonde, de nauséabond, et dont le venin subtil foudroye, avec une rapidité d'éclair.

Et cependant, le météore passé, cette population

bonne et douce, aux allures d'enfant, au cœur empli de charité, de mansuétude, de bravoure et de grandeur, se rallie autour de son drapeau, qui est l'amour de la Patrie. Grave, énergique et forte, elle se met à l'œuvre, silencieusement, rebâtissant ses villes, réensemençant ses champs avec une persévérance de fourmi.

Sous son ciel bleu d'azur, qui fait comprendre l'infini, près de la mer qui berce amoureusement ainsi qu'un hamac liquide, à l'ombre des tamariniers, des manguiers et des grands cocotiers empanachés de verdure, l'œil fixé sur l'avenir, pas un Martiniquais ne défaille.

Pas un.

En dépit de cette atroce accumulation de catastrophes, Saint-Pierre et Fort-de-France travaillent, — Saint-Pierre surtout, — luttent, d'autant plus véhémentement ardents au combat que la nature et le sort semblent plus acharnés contre eux.

Depuis près de dix ans, on respirait là-bas, à pleins poumons, les balsamiques senteurs échappées des Jardins botaniques, ces merveilleux musées de plantes intertropicales, et des campagnes pleines de magie, à défier les plus brillants tableaux de l'Inde et de la Cochinchine. On respirait, croyant à l'ère close des épouvantes qui jetaient le crêpe à profusion dans toutes les familles. C'était une fête, une joie, que le dernier incendie de Fort-de-France était venu troubler, et qu'on commençait à oublier, quand tout à coup, le 18 août, tandis qu'en Europe, les salves se répondaient triomphalement de Cronstadt à Portsmouth, le plus horrible des fléaux frappait l'un des plus beaux joyaux de la France.

Le plus horrible, oui.

De l'aveu des météorologistes, l'ouragan des Antilles est le plus à redouter. Celui qui frappe le plus durement, le plus mortellement. Ses fureurs dépassent celles du typhon de la mer des Indes et des tornades de la côte occidentale d'Afrique.

Et de tous les ouragans qui avaient meurtri la Martinique, je dis des plus furieux, celui qui vient de s'abattre sur elle est l'un des plus épouvantables.

Je cite.

Dès le matin du 18 août, des symptômes inquiétants, une dépression barométrique effrayante avait été les prodromes du cyclone (1).

Le ciel s'était assombri, couvert de grands nuages noirs qui roulaient en tous sens avec une vitesse vertigineuse ; par intermittence, la pluie tombait drue et serrée comme une grêle, fouettée par le vent, qui souf-

(1) *Les Colonies*.

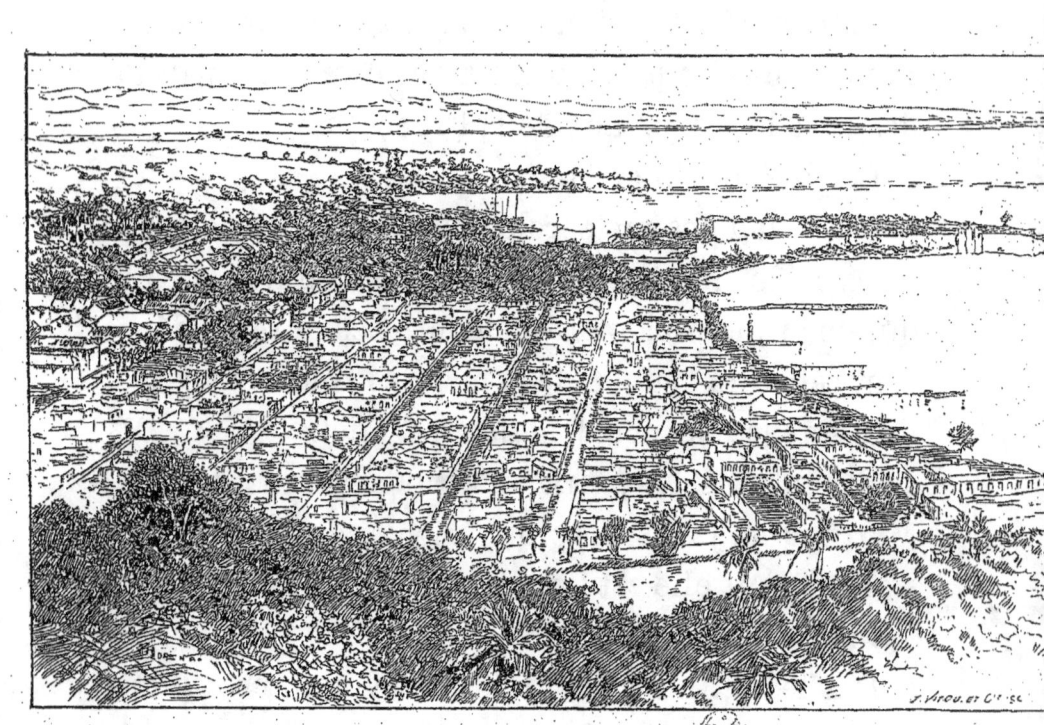

FORT-DE-FRANCE
(Après le cyclone),

flait par bourrasque. Vers midi, le ciel parut s'éclaircir, les rayons du soleil brillèrent. Une accalmie se produisit, qui dura jusqu'à quatre heures (1), moment précis où la dépression barométrique (2), survenue également à midi, commençait à devenir anormale. La couleur du ciel devint livide, le vent se reprit à souffler avec une violence sans cesse croissante.

Brusquement, le baromètre remonta à 0^m758.

A cinq heures et demie, la hauteur était de 0^m757 (3). Le cyclone atteignait l'île, et son premier anneau la traversait. Fort-de-France était dans son champ d'action, en plein (4). Il brisait tout : renversait les habitations, couchait les récoltes, arrachait les toitures des édifices, jusqu'aux plaques de tôle qui les recouvraient (5).

Les rafales accroissaient sans cesse leur violence, et le baromètre baissait, baissait toujours (6). Le vent soufflait nord-est avec une immuabilité de direction

(1) *Le Temps.*
(2) *Moniteur de la Martinique.*
(3) *Journal officiel.*
(4) *Moniteur de la Martinique.*
(5) *Les Colonies.*
(6) *Moniteur de la Martinique.*

témoignant que l'île se trouvait sur le passage du centre.

A six heures et demie, les vents étaient déchaînés complètement. La tempête commençait son œuvre infernale de destruction et de mort. La mer grondait avec une épouvantable furie, emportant les navires, envahissant toutes les maisons de Saint-Pierre et du Fonds-Corée, proches du rivage (1). Au camp de Balata, les maisons volaient, littéralement, dans l'espace, et l'éloignement des lieux habités ne suffisait pas à garantir les habitants, que des débris arrachés par la tourmente allaient trouver et frapper au loin.

Puis, à mesure que le premier anneau s'éloignait et que se rapprochait le centre du cyclone, la pluie se mit à tomber fine et serrée, calmant le vent qui soufflait toujours du nord-est (2).

De sept heures à huit heures quinze, il avait soufflé en ouragan. Tout à coup la pluie cessa en même temps que le vent ; le ciel se dégagea et tout observateur inexpérimenté aurait pu croire à ce calme trompeur. C'était le passage du centre.

(1) *Les Colonies.*
(2) *Journal officiel* : Renseignements sur la situation des colonies.

Le baromètre était descendu à 0ᵐ721 (1).

A huit heures trente, l'ouragan recommença, et le vent sauta brusquement du nord-est au sud-ouest, direction diamétralement opposée à celle d'où il avait soufflé jusqu'alors. On entrait à ce moment dans le deuxième anneau du cyclone que les marins nomment *hémisphère maniable*. Jusqu'à neuf heures trente, l'ouragan monta, battant son plein, atteignant son paroxysme, tandis que deux secousses de tremblements de terre, prouvées par l'écroulement de certaines maisons et de certains murs sur lesquels le nord-est et le sud-ouest n'avaient eu que peu de prise, ajoutaient à l'horreur de la catastrophe (2), sans compter la trépidation continue qui agitait le sol.

A neuf heures trente, le vent soufflait encore avec furie; mais le baromètre remontait et le vent tournait au sud-est, indiquant que le météore s'éloignait (3).

A dix heures trente, les rafales du sud-est étaient encore fortes, mais relativement faibles...

L'ouragan s'éloignait.

(1) *Les Colonies.*
(2) *Journal officiel*, Moniteur de la Martinique.
(3) *Journal officiel.*

En dépit de cette tempête, on a pu observer :

1° Que ce cyclone avait un petit diamètre, mais d'un mouvement de translation très rapide;

2° Que sa trajectoire allait de l'est-sud-est à l'ouest-nord-ouest;

3° Enfin, que la Martinique se trouvait sur le passage du centre, par conséquent dans les conditions les plus désastreuses pour la colonie (1).

Les renseignements suivants (2) permettront de suivre la marche du cyclone. Il a abordé l'île par le sud, venant du canal de Sainte-Lucie et se dirigeant vers le nord. Vers dix heures du matin, le jour du cyclone, les employés de l'usine des Trois-Rivières avaient observé deux vagues gigantesques, de cinquante mètres de hauteur, venant du canal de Sainte-Lucie et qui ont passé à plusieurs milles au large. Dans cette localité, l'ouragan avait cessé à huit heures et demie, alors qu'il faisait rage à Saint-Pierre : il semble que le centre du cyclone ait suivi une ligne courant du sud-est au nord-ouest et passant par le Marin, les Trois-Rivières, la Rivière-Salée, le Lamentin, le Gros-Morne, la Trinité, Saint-

---

(1) *Moniteur de la Martinique*.
(2) *Le Propagateur*.

RADE DE SAINT-PIERRE
Vue de la Batterie d'Estnoz.

Pierre, le Morne-Rouge et le Macouba, traversant, par conséquent, l'île dans sa plus grande longueur.

A Fort-de-France on a observé l'accalmie caractéristique de ces phénomènes, elle a duré environ vingt minutes ; mais le vent a sauté brusquement au sud-ouest, avec autant de violence qu'il soufflait vingt minutes auparavant du nord-est. Presque partout on a ressenti le tremblement de terre qui a accompagné le cyclone et à des heures différentes, ce qui semble indiquer que c'est un phénomène magnétique qui accompagne le météore partout sur son parcours.

On a observé au Morne-Rouge, le feu Saint-Elme. L'air, à un moment, y a été tellement raréfié que quelques personnes ont éprouvé la sensation de l'étouffement : le phénomène a été également ressenti ailleurs.

A Saint-Pierre, la saute de vent a été très peu sensible ; mais sur les hauteurs, aux environs de la ville, beaucoup d'arbres ont été renversés dans cette direction.

Pendant l'ouragan, le feu se déclarait à Saint-Pierre, rue Schœlcher ; deux maisons ont été brûlées.

Quant à la précision des renseignements, elle est acquise.

Le cercle de Saint-Pierre (1) possède un baromètre enregistreur, où la marche barométrique est consignée avec ses moindres variations. Voici les indications du mardi 18 août, de midi à minuit.

Midi, 762; la baisse a commencé depuis 10 heures;
1 heure, 760;
6 heures, 757;
7 heures, 755;
7 heures 1/2, 750;
7 heures 3/4, 740;
8 heures, 732.

A ce moment l'aiguille s'affole, on constate une solution de continuité dans le diagramme;

8 heures 1/4, 729.

A 8 heures 1/2 l'aiguille oscille de 738 à 742;
9 heures, 755;
10 heures, 750;
Minuit, 760.

De 10 heures du soir à minuit, la ligne est fortement ondulée, comme tremblée.

Sur l'habitation Perrinelle, aux environs de la ville, on a constaté que l'indicateur du baromètre

(1) *Le Propagateur.*

était descendu au-dessous de 725, point minimum de la graduation.

A Fort-de-France, on a constaté 710.

Les anciens, ceux que la mort a épargné, racontaient le lendemain que le coup de vent de 1891 avait été aussi cruel que ceux de 1813 et de 1817.

L'un d'eux écrivit, reportage émouvant :

« Vous connaissiez l'état habituel, la physionomie — à peu près la même partout, — de ce qu'on appelle une *habitation*. Il y a la maison de maître, les cases à travailleurs, les bâtiments d'exploitation : sucrerie, gragerie, case à tiroir pour les propriétés cacaoyères. Or, représentez-vous les trois quarts à peu près des maisons de maître découvertes, défoncées, disloquées, branlantes, déséquilibrées. Je dis les trois quarts, car beaucoup se sont effondrées et émiettées, littéralement.

« Les cases à travailleurs se sont écroulées les unes sur les autres comme ces rangées de cartes qu'aligne la main d'un enfant, de manière à ce que la première qui tombe fasse tomber toutes les autres.

« La plupart des sucreries, grageries, cases à tiroir sont à terre.

« Vous connaissez aussi ces maisons de petits

propriétaires vivriers, abris modestes, peu solidement bâtis ? Le vent les a tout simplement

Source de la Fontaine Mousse.

pelotonnées, et brisées comme, sous une forte étreinte, on brise une poignée de bois sec. Un de nos colons, par un mot pittoresque, a dépeint la situation de toutes ces cases et de tous ces infortunés petits propriétaires. Je lui demandais comment l'avait traité le coup de vent, en quel état il l'avait mis :

« — *Gueule en bas*, me répondit-il.

« Les arbres dénudés et tous penchés, ressemblent au loin à d'immenses échalas, ou à de longs poteaux télégraphiques que le vent aurait inclinés.

« A part les champs de cannes qui, sous les fortes pluies tombées depuis l'ouragan, ont commencé à reverdir, la teinte générale de la campagne est le *roussi*. On dirait qu'une flamme légère a passé sur les arbres, sur la végétation tout entière. C'était surtout frappant les premiers jours qui ont suivi le sinistre : ce qui faisait dire aux braves gens que le feu du ciel s'était mêlé au vent pour nous éprouver davantage. Depuis lors, la verdure point, et les branches revêtent déjà de menues feuilles, pas en telle quantité cependant qu'on ne puisse encore les dire dénudées.

« Le peuple est naïf. Vous venez de le voir par ce feu du ciel. Il prétend aussi que la plaie de moustiques et maringouins dont nous sommes affligés en ce moment nous a été apportée d'autres pays sur les ailes de l'ouragan. Quels autres pays ? C'est ce qui reste à savoir, cet ouragan ayant débuté par nous,

Ce sont plutôt nos moustiques et nos maringouins qu'elles auraient portées ailleurs. Si l'accroissement du nombre de ces malheureuses petites bêtes s'est fait dans les quartiers classiques de marécages, tels que la Rivière-Salée... etc., dans les mêmes proportions que chez nous, endroit le plus sec et le plus sain de la colonie, nous en plaignons les habitants ; ils doivent être complètement et irrémédiablement exsangues !

« Une chose étrange par sa nouveauté, c'est que la campagne étant à peu près dégarnie d'arbres, et ceux qui restent n'ayant plus ni feuilles ni branches, les maisons sont à découvert. Autrefois le feuillage enveloppait tout ; au milieu de cette faune luxuriante qui paraît les champs, on devinait seulement les maisons, par des entassements plus compacts de verdure, par des groupements de ces arbres, qu'on pourrait appeler des arbres domestiques, parce que, près de leur ombre, on rencontre toujours la maison de l'homme : nous voulons parler des manguiers, des cocotiers et de quelques autres espèces encore. Aujourd'hui, il n'en est plus ainsi : les propriétés sont en relief et sautent, pour ainsi dire, aux yeux, sur ce vaste champ moins plat mais presque aussi nu que le désert. Aujourd'hui, entre voisins —

voisins séparés par des hectares de terre, comme on sait, — on peut se faire bonjour de la main, du mouchoir ou du chapeau. Rien n'intercepte plus la vue, rien ne masque les signes.

« Et l'alimentation ? Elle est rare et chère. Nous nous attendons à la voir devenir plus facile au fur et à mesure que les vivres abonderont. L'empressement qu'a mis l'administration à approvisionner les côtes et, par le fait même, les communes de l'intérieur, est digne de toute louange et de tous remercîments. Il y a des communes qui, le lendemain du coup de vent, se sont trouvées absolument sans ressource, et n'auraient pu, vu le manque presque absolu de caboteurs, en recevoir de si tôt. Pour ces localités, c'était la disette à bref délai, sinon immédiate. La mesure prise par le gouvernement local a conjuré ce malheur. En employant ce mot, je n'exagère pas. Il ne faut pas, dans l'appréciation des dégâts ou de la ruine produite dans chaque commune, appliquer le principe de l'*ab uno disce omnes ;* il ne faut pas juger de toutes d'après une seule ou d'après quelques-unes. J'ai entendu, ou vous avez pu entendre des gens, évidemment excentriques, soutenir que ce spectre de disette qu'on évoquait à propos de la pénurie des ressources alimentaires n'était que chimérique, même pour les campagnes, et que les bourgs étaient bien approvisionnés. Il y a erreur et je ne sais quel parti-pris absurde à la soutenir. Que certaines localités, plus épargnées, aient pu garder leurs magasins et leurs comestibles, soit. Mais il y en a d'autres qui, déjà mal pourvues, et en outre plus maltraitées par la tempête, se sont levées, le matin du 19 août, dans le dénûment le plus complet; qui, éloignées des centres commerciaux, n'auraient pu aisément se fournir, et eussent, par conséquent, crié longtemps famine avant que l'on eût pu venir sérieusement à leur secours. Voilà la vérité.

« Notre cuisine campagnarde complète le tableau. Nous mangeons sans assaisonnement. Nos citronniers sont à terre; le piment est presque aussi rare et, dès lors, presque aussi précieux que des billets de banque.

« Plus un citron. Rien. Cuisine à l'eau et sans légume... (1).

« Agréez, etc.

« XX. »

L'évêque, Mgr Carmené et M. Le Boucher, directeur de la Banque, qui, tous deux, ont habité Bourbon,

(1). *Les Antilles.*

corroborant la déclaration des météorologistes et de Chanvallon, à laquelle je faisais allusion au commencement de ce chapitre, avouaient que les typhons de la mer des Indes n'étaient pas comparables aux ouragans des Antilles.

La violence a été telle, qu'on en a ressenti les effets à Saint-Domingue et très loin au large. Le rapport du capitaine du *Souverain,* un des heureux qui a échappé à la perte, indique l'état de l'Océan.

Le mardi matin 18 août, ayant constaté dans la nuit de forts grains venant de la partie nord-est, je m'aperçus au jour d'une baisse barométrique assez prononcée ; je fis alors les préparatifs en prévision du mauvais temps : en effet, la journée du 18 fut mauvaise, la pluie et de fortes rafales ne discontinuèrent pas de toute la journée.

A cinq heures du soir, le baromètre est à 756 ; c'est à ce moment qu'un ordre venant du Port est donné de renforcer les amarres pour la nuit. Depuis cinq heures les rafales sont déjà fortes, le baromètre baisse et à six heures il est à 754,5 ; un second ordre du Port est donné de dégréer le grand perroquet ; ce travail est terminé à sept heures, à ce moment il vente en furie et le baromètre est à 751 ; les ancres chassent et le navire est jeté sur la plage où il donne des coups de talons inquiétants ; il reste dans cette position jusque vers neuf heures où notre chaîne de l'arrière casse et le navire est entraîné au large avec ses deux ancres à la traîne sans savoir comment nous nous sommes trouvés au large. Pendant l'échouage du navire, plusieurs goélettes sont venues se briser le long de ses flancs, et malgré la furie du temps nous avons été assez heureux pour recueillir cinq hommes de l'une d'elles.

A neuf heures trente, le baromètre tombe subitement à 733; à dix heures, il était remonté à 742; enfin nous renaissons à l'espoir, quoique les rafales soient toujours violentes.

Vers minuit, dans une éclaircie, nous apercevons la pointe du Prêcheur, le temps s'améliore; mais avec les deux ancres et une chaîne à la traîne à l'arrière il nous est impossible de faire de la toile pour nous élever; d'ailleurs, une grande partie des voiles est enlevée. Enfin, au petit jour, nous tentons de virer nos ancres; l'une d'elles, celle de bâbord, est rentrée péniblement avec quatre maillons de chaîne. C'est en vain que nous essayons à virer tribord qui a 105 brasses de chaîne; on se décide donc à la filer par le bout. Il est dix heures quand ce travail est terminé; la Martinique est à vue toute au vent à nous; nous établissons toute la voilure servable que nous possédons et nous courons les ancres à tribord jusqu'à trois heures du soir le 19, où nous prenons bâbord amures, lesquelles furent conservées jusqu'à dix heures du matin le 20 août. C'est à peine si nous voyons le Morne-Rouge. Enfin nous reprenons les amures à tribord avec des vents de sud-est pour tâcher de mordre la Dominique, car nous ne pouvons plus tenir la mer plus longtemps : nous sommes exténués de fatigue et ce qui est pis encore l'eau va nous manquer, car dans le cyclone notre pièce à eau a brisé ses chaînes et s'est vidée dans la cale.

Enfin à force de bordées nous attrapons le mouillage du Roseau à dix heures trente du matin le 21 août; les voiles sont serrées et l'équipage est laissé au repos. Notre séjour à la Dominique est employé à faire de l'eau, du lest et à réparer les voiles. Enfin le 25, à cinq heures du soir, nous appareillons pour la Martinique. Le 26, à deux heures du soir, le navire est mouillé sur le plateau à Saint-Pierre.

Pendant l'ouragan nous avons eu à déplorer la mort du novice F. Olivry, qui, en filant la chaîne, a été enveloppé et projeté sur le guindeau où il a eu les deux jambes coupées par la chaîne. Il est mort au bout de quelques heures après beaucoup de souffrances. Ne pouvant plus le conserver à bord nous avons dû le jeter à la mer.

Quoique le cyclone se soit, pour ainsi dire, restreint à la Martinique, il est intéressant de savoir qu'il s'est étendu jusqu'à la Dominique, mais sans causer aucun préjudice sérieux à cette dernière. L'île anglaise en a été quitte pour la peur; et l'on sent dans le récit qu'elle donne du météore la satisfaction involontaire et si humaine de l'être qui a échappé à un péril formidable.

Le *Dominica Dial* du 22 août, donne le récit de l'ouragan à la Dominique, en ces termes :

« Mardi matin, le jour se leva très brumeux, semblant indiquer que nous aurions de la pluie dans la journée. Mais rien jusqu'au coucher du soleil n'annonçait la tempête que nous eûmes dans la nuit du mardi au mercredi. D'ailleurs, il en est toujours ainsi sous nos latitudes, avec le souffle dévastateur de l'ouragan. D'habitude la tempête réserve ses ravages pour la nuit sombre et silencieuse, alors qu'on ne peut que difficilement s'opposer à ses violences. Les dépêches révèlent le fait que nous n'avons eu que la queue d'un véritable ouragan, qui a causé de grands dommages à nos voisins de la Martinique. Le mardi soir, les indications barométriques firent trembler ceux d'entre nous qui avaient en leurs mains un de ces instruments; car ils indiquaient que nous aurions une répétition du mémorable ouragan de 1883, le baromètre étant tombé rapidement, et ayant atteint la limite où il resta durant cette effroyable tempête.

« Les pertes connues jusqu'à maintenant ne sont pas très sérieuses; mais les récoltes de citrons ont beaucoup souffert. Plusieurs citronniers ont été déracinés sur le « Bath » et d'autres propriétés le long de la côte et en haut des vallées; mais il sera possible d'en replacer une grande partie. Quelques autres arbres précieux ont été aussi déracinés. À Roseau, à part la perte de quelques vieilles clôtures, il n'y a rien de sérieux à rapporter.

« Des dégâts ont eu lieu comme d'habitude sur les routes et ponts publics. Un des aqueducs, à Canefield, a été emporté. Le « Cleck-Hall » s'est encore mis en colère contre sir W. F. Haynes-Smith, et, brisant un nouveau canal, a complètement changé de lit. Le pont Hampstead (l'œuvre de MM. Walsh) a été enlevé, et le pont Melville-Hall est fort endommagé.

« Le steamer *Royal Mail* entrait dans le port juste au moment où le mauvais temps commençait le mardi soir. Débarquant les dépêches et quelques passagers, il lui fut impossible d'avoir d'autres relations avec la terre. De deux canots, montés chacun par deux hommes, et qui communiquaient avec le steamer, on n'a eu depuis aucune nouvelle, et l'on présume qu'ils ont été emportés par le ressac. Quatorze canots environ qui étaient tirés sur le rivage ont disparu.

« Le capitaine Pitman et deux autres hommes, Tommy Vickers et Francis, laissèrent la terre au moment où le vent commençait à souffler le plus fort, à bord d'un frêle canot, pour aller à la recherche du sloop *Ellen*, dont Pitman était propriétaire. Le sloop avait brisé ses amarres et est parti à la dérive. On n'eût aucune nouvelle de ces hommes jusqu'au 21, où le navire français *Souverain* vint et débarqua deux d'entre eux, Pitman et Vickers, qui avaient été recueillis cramponnés au fond du canot, dans le canal, entre la Dominique et les Saintes. On dit que l'autre est noyé.

« M. Benoit F. Joseph, qui avait été à bord du steamer avec un passager de ses amis, ne pouvant retourner à terre, fut retrouvé à Antigue avec deux des hommes que l'on disait disparus. M. Joseph et les deux hommes furent débarqués hier par le *Tyne*. Les deux autres ont été noyés.

« Comme nous réfléchissons sur les dégâts relativement insignifiants causés par ce qui avait l'apparence d'un terrible ouragan, et comme nous considérons le sort de nos voisins de la Martinique, nous sommes forcés de nous écrier : « Combien pire le nôtre pourrait être ! »

Ce dernier cri est bien celui de la bête humaine, celui qui jaillit le premier de la poitrine, soulagement immense du péril de mort évité. Égoïsme qu'on ne saurait imputer à crime.

Outre la Dominique, le bord nord du cyclone toucha Sainte-Croix (1), île située à trois cents milles de la Martinique, durant les journées de mardi et de mercredi.

La côte nord de Haïti et la partie sud de la Barbade furent également effleurées dans la journée du 21.

(1) *Sainte-Croix-Avis*.

La *Voice* de Sainte-Lucie complète ainsi les détails :

« Le mardi, 18 courant, se leva sombre et menaçant; le ciel était plombé et sans soleil, et pas la moindre brise ne se faisait sentir. Le baromètre, de bonne heure, manifesta des signes d'affolement, et les *weatherwises* » branlaient la tête d'un air peu rassurant. Vers quatre heures après-midi, le baromètre commença à tomber, rapidement.

« A cinq heures et demie, le vent se leva, soufflant assez fortement du nord-ouest, et dans le port, la mer devint houleuse. Le vent continua d'augmenter en force, non régulièrement, mais par bouffées mêlées d'accalmies.

« Vers sept heures environ, le vent était dans toute sa force. La mer fort agitée se brisait avec fureur contre les quais, en projetant des pluies d'embrun. Il n'y avait que de petits navires dans le port, et ils eurent à passer une heure difficile. Mais la force et du vent et de la mer était fort adoucie dans notre port bien abrité, on peut en juger par le fait suivant :

« Le schoner *Saint-Patrick's Belle* tint bon, pendant tout le vent, soutenu seulement par une corde d'un demi-pouce amarrée à la chaîne insuffisante de son ancre.

« Vers sept heures et demie environ, le vent commença à baisser et le baromètre tomba aussi vite qu'il s'était élevé ; et vers huit heures, il y avait un calme plat et une température étouffante.

« A Castries, il n'y a aucun dégât digne d'être mentionné. A l'Anse la Raye, sur la côte occidentale, les cheminées en maçonnerie de quelques vieilles sucreries sont tombées. Nous ne pouvons dire que les cannes aient souffert, rien d'appréciable sur les propriétés sucrières.

« Le vent ne se fit pas sentir dans le sud de Sainte-Lucie. Dans le canal Saint-Vincent, il y a eu calme plat jusqu'à minuit le mardi, et le *Trinidad Packet*, qui venait de Trinidad à Castries le mercredi matin, apprit alors pour la première fois que là, il y avait eu un coup de vent.

« A la Barbade, il y eut un trouble notable dans l'atmosphère durant le jour, mais point suffisant pour causer plus qu'une inquiétude momentanée.

« Mais la pleine force du cyclone paraît avoir frappé notre malheureuse voisine la Martinique, d'une façon désastreuse. Les minces nouvelles qui nous sont parvenues par le câble et que nous publions ailleurs sont simplement effrayantes. Le nombre des victimes est fort élevé, la perte des propriétés est immense. L'esprit se refuse à croire à la réalité d'une si grande catastrophe comme la destruction de cinq villes entières dans trois courtes heures.

« Nous espérons du fond du cœur, mais faiblement, que l'exagération causée par la panique a grossi le mal. Cependant, après la plus généreuse réduction à ce sujet, nous ne pouvons que sentir qu'il en reste assez pour évoquer notre chaleureuse sympathie pour les habitants de la Martinique, entre lesquels et nous les relations amicales du bon voisinage sont raffermies par les plus forts liens du sang.

« Notre consentement de nous voir préservés n'est point un plus fort sentiment que notre désir de savoir comment vont ceux qui sont nos proches et nos amis au milieu de la ruine dont cette malheureuse Martinique est frappée.

« Nous attendons impatiemment des détails complets du désastre, lesquels nous espérons recevoir au retour des navires qui ont été à Saint-Pierre avec les marchandises demandées par le câble. »

Oh ! ce cyclone !

Terrible chose.

— Après avoir tout ravagé sur terre, il semait encore l'épouvante, là où il n'avait pas passé.

Sur l'Océan, au lendemain de la tourmente, hors de vue des côtes de la rade Saint-Pierre, les marins étonnés regardaient, sur la mer jolie, des cadavres flottants, que des requins, en bandes, se disputaient entre eux (1).

(1) *Le Propagateur*.

Saint-Pierre

Au matin, quand le soleil vint éclairer cette scène de désolation, Saint-Pierre présentait un aspect lugubre et sinistre. La mer grondait encore formidablement, faisant trembler le sol. (Peut-être aussi que la trépidation n'était que les dernières oscillations très peu marquées du tremblement de terre remarqué de sept heures à neuf heures et demie). Sur tout le rivage, un entassement prodigieux de débris de toute sorte, mâts brisés, carcasses de navires, de bateaux, de gabares; sur la mer, une masse énorme de morceaux de bois et de barriques flottant à la lame (1).

Un bateau, *Alina*, a été poussé par le temps, jusque dans la cale de l'intendance, à plus de vingt mètres du rivage ; un autre, le brick italien l'*Amicizia*, couché sur le sable, vis-à-vis de la rue du Petit-Versailles, a eu son rouff emporté jusqu'au milieu de la cale, et des individus eurent aussitôt l'idée de s'en faire un abri.

Au fond de la rade, de la rhummerie Lasserre à l'Anse, la plupart des navires qui y étaient mouillés étaient étendus, couchés sur le flanc, brisés, offrant à l'œil un douloureux spectacle.

A leur vue, le cœur se serrait. Qu'étaient devenus les marins qui les montaient ?

L'intérieur de Saint-Pierre présentait un spectacle lamentable. Les rues étaient impraticables ou à peu près, encombrées de morceaux de bois et surtout de tuiles brisées, la presque totalité des maisons découvertes. Sur toutes les places, à la Batterie d'Estnoz, sur la savane du Fort, sur celle du Mouillage, les

---

(1) Relation du sinistre : *Les Colonies*.

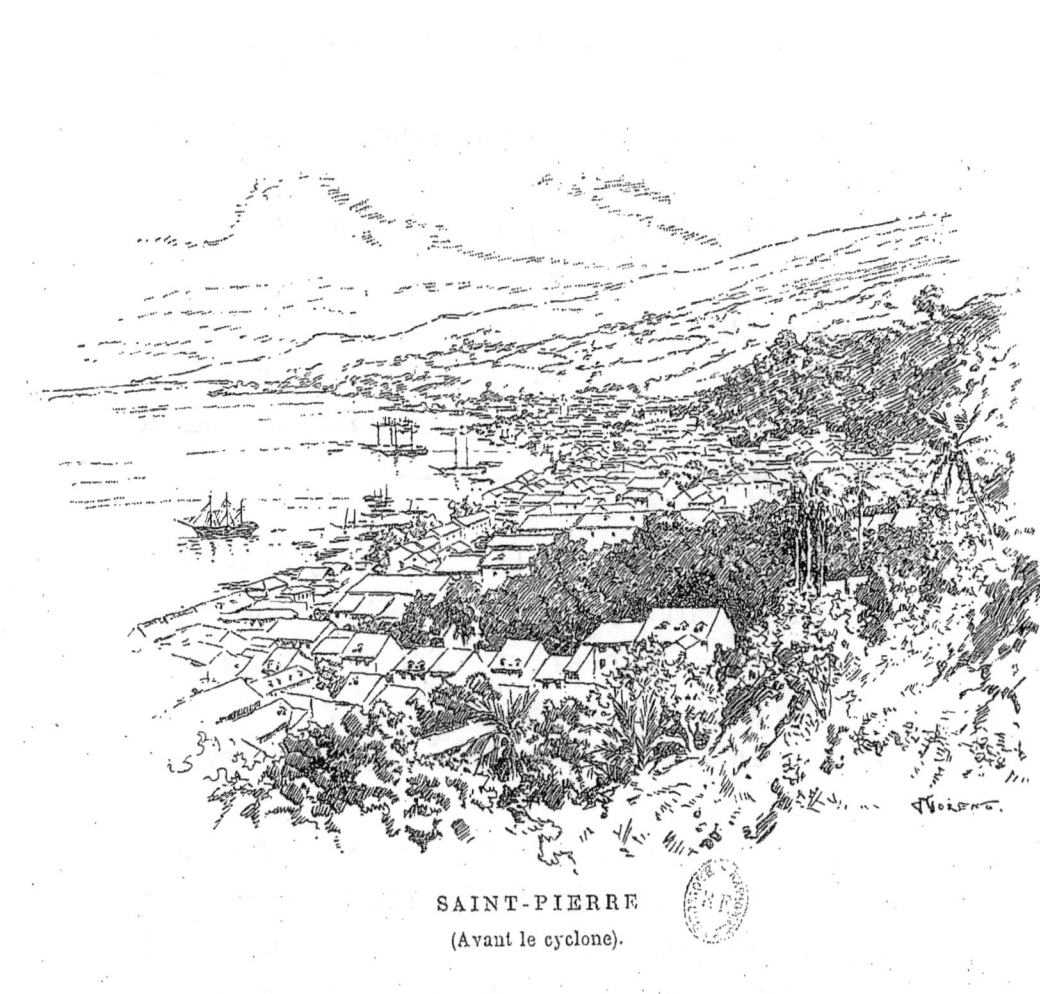

SAINT-PIERRE
(Avant le cyclone).

arbres, la plupart séculaires, qui les ombrageaient, gisaient, tordus, arrachés, déchiquetés.

Tous les monuments publics ont eu à souffrir, énormément ; tous sont dans un état déplorable, l'intendance, la mairie, la cathédrale, les deux églises du Fort et du Centre, l'évêché, le lycée, le pensionnat, l'hospice, l'hôpital militaire (1). L'église de la Consolation n'est qu'un amas de ruines, la chapelle du collège s'est effondrée (2). Les deux cimetières, celui du Fort surtout qui a eu sa chapelle enlevée, sont dans l'état le plus déplorable. Les fosses sont brisées, les croix arrachées. Le séminaire-collège et ses beaux jardins sont dans un état affreux.

Au loin, sur les collines qui environnent Saint-Pierre, de quelque côté que l'on se retourne, la campagne ressemble à un morne paysage d'hiver. Pas une feuille, pas un brin de verdure : les arbres qui n'ont pas été renversés n'offrent à la vue que leurs squelettes (3).

Et dans la savane de l'évêché, les manguiers énormes, en bordure le long des maisons, désalvéo-

---

(1) *Les Colonies.*
(2) *Les Antilles.*
(3) *Les Antilles.*

lés, brisés, puis lancés par la violence de l'ouragan, ont transpercé les murs d'outre en outre et sont restés dans les plaies béantes, ainsi que des torpilles qui n'auraient pas éclaté.

Rue Schœlcher, deux maisons se sont écroulées : l'une à M. Sabel qui, fort heureusement, venait quelques minutes auparavant de se réfugier chez sa mère, habitant la maison voisine ; l'autre, louée par le bureau de bienfaisance de la ville, où logeaient un assez grand nombre de femmes indigentes. Dix de ces malheureuses ont été ensevelies sous les décombres. Les fouilles ont commencé aussitôt; quatre personnes avaient péri; six ont été retirées gravement blessées et transportées à l'Hospice.

Dans la même rue, au fort même de la tempête, le feu éclatait dans une boutique appartenant à M. Roland Molinier. Les pompiers, accourus, se sont vite rendus maîtres du feu, la maison s'étant écroulée au bout de quelques minutes.

Rue Toraille, une maison s'est également écroulée et a fait une victime. Dans d'autres rues, on compte encore quelques maisons qui ont été jetées bas; mais fort heureusement, il n'y a eu aucune mort à déplorer.

Sur l'habitation Gonard, située à un kilomètre de

ANSE BELLEVUE. — SAINT-PIERRE.
(Après le cyclone).

la ville et attenant aux terres de l'habitation Perrinelle, les travailleurs, au nombre de huit, s'étaient réfugiés dans une dernière maison encore debout; elle s'est bientôt écroulée, et sept de ces malheureux ont été retirés morts sous les décombres.

L'habitation Perrinelle, elle-même, une grande et superbe maison bâtie autrefois par les Jésuites, a été renversée, et ses pierres de taille gisent sur la pelouse (1).

En parcourant ces ruines désertes, sous les monceaux desquels des cris, des gémissements partaient, le cœur se serrait. A peine çà et là, quelques personnes, revenues plus vite que les autres de l'ébranlement cérébral causé à tous par cette effroyable convulsion. Et sur tous les points, des soldats, groupés au hasard de la rencontre, par leurs officiers, s'empressaient au sauvetage avec un dévouement tout français. Trois soldats et un caporal, particulièrement, dont il est regrettable que les noms n'aient pas été relevés, se distinguaient et, parmi les officiers, un brave, le lieutenant Pelcot, qui tomba au Morne-Rouge blessé terriblement, en se prodiguant pour la vie des autres. La croix est venue le trouver

(1) *Les Colonies.*

à l'hôpital, sur son lit de souffrance. Suprême consolation !

Puisse-t-il, comme plusieurs de ses camarades me l'ont assuré, échapper au sort qui l'attend (1) et continuer une carrière si noblement fournie. Les gens de cœur ne sont jamais trop nombreux.

Et à côté de ce héros, le capitaine Porion qui, lui aussi, s'est signalé par sa belle conduite.

Sur la rade, rien.

La veille elle contenait dix-neuf navires, à cinq heures du soir. A neuf heures il n'en restait pas un seul. Tous avaient été jetés à la côte ou emportés plus loin, pour sombrer au large.

Quelques-uns ont échoué du côté du Figuier, d'autres à la Grosse-Roche et à l'Anse-Latouche. Les navires échoués à l'Anse-Latouche sont :

Navires français : *Bienfaiteur*, *Em. Roger*, *Saphir*, *Anna*.

Navire américain : *Nedevith*.

Goëlettes françaises : *Léonie*, *Appoline*.

Bateau à vapeur : *Audacieux*.

(1) M. le lieutenant Pelcot a eu les deux jambes broyées par la chute d'une poutre. A l'heure qu'il est, M. Pelcot a subi l'amputation d'une jambe. Les dernières nouvelles font espérer qu'il vivra.

A la Grosse-Roche :
Navire français : *Persévérant*.
Goëlette française : *La Mouette*.
Au Mouillage :
Brick français : *H.-L.*
Navire français : *Alphonsine-Zélie*.
Navire italien : *Rosanna*.
Goëlettes françaises : *Emilie*, *Emilie-L*. (capitaine et second disparus).
Bateau anglais : *Golimangne*.
Au Figuier :
Navire italien : *Amicizia*.
Goëlette française : *Alma*.
Bateaux caboteurs : *Léger*, *Battemard*, *Friend*, plus six pirogues qui ont échoué à la place Bertin, ainsi que dix gabarres.

On ne connaît pas encore le nombre des marins morts dans cette tempête; on ramasse incessamment des cadavres que la mer rejette sur le rivage. Jusque sur la côte ouest de la Trinité et du François, des épaves révèlent la perte des navires de Saint-Pierre qui avaient pu gagner la pleine mer. On a déjà recueillis un assez grand nombre de fûts de rhum provenant des guildiveries de Saint-Pierre.

Pendant l'ouragan, une maison du Fort, en s'écroulant, a pris feu; elle a été réduite en cendres. On a relevé cinq cadavres de personnes tuées dans la ville, et malheureusement les environs ont été plus durement traités ; la commune entière compte une quarantaine de morts. C'est au dehors surtout que la population de Saint-Pierre a été frappée le plus rudement : nombre de familles anciennes du pays avaient des parents en villégiature au Morne-Rouge et dans les campagnes élevées de l'île, ainsi que dans les usines à sucre, et beaucoup ont été atteintes, quelques-unes dans des proportions effrayantes (1).

Puis, peu à peu les confidences se faisaient; les histoires se redisaient. Celle des périls courus pendant la nuit maudite. Toutes les mêmes. Voyez !

La maison de César Lainé, le rédacteur en chef des *Colonies*, située en face de la mer, tressaillait au milieu de la tourmente. Effrayés, ses deux nièces, ses deux bonnes, son neveu, se pressaient auprès de lui, s'accrochaient à ses vêtements. Tout à coup une commotion plus violente que les autres les jeta à terre. L'étage supérieur de la maison venait d'être enlevé.

Glacés d'épouvante, tous demeurèrent en suspens,

---

(1) *Journal officiel.*

EN PLEIN CYCLONE
César Lainé et sa famille.

quand un cocotier gigantesque, un arbre vieillard, qui dressait l'orgueil de sa maturité au milieu de la cour, s'abattit sur la maison.

Sous le choc, des fenêtres déjà ébranlées avaient cédé. L'eau qui montait avait envahi l'habitation ; à présent la pluie diluvienne pénétrait jusqu'à César Laîné et jusqu'à sa famille. A la vue du désastre, César Laîné se précipite. Mais, les quatre femmes, poussant des cris affolés, se traînaient à ses pieds, dans l'eau qui flicflacquait, embrassaient ses genoux, s'emparaient de ses bras et de ses mains, refusant de le laisser partir, de lui permettre un pas, même pour aller fermer les fenêtres qui venaient de s'ouvrir et par lesquelles entraient des paquets de rafale.

Lui, très calme, les rassurait. Mais la peur était trop forte. La peur !... Ce n'était plus de la peur. C'étaient les affres de la mort, entrevue tout près, là, guettant le moment pour mettre à coup sûr la main sur sa proie. L'angoisse éperdue de la fin d'un monde qui arrive, brusquement, indubitablement, arrachant les êtres avant l'heure, en pleine vie, au milieu du bonheur (1).

---

(1) Saint-Pierre, le 29 août 1891.
Vous connaissez ma maison et vous devez vous douter du danger que j'ai couru. Elle est placée en face de la mer. Vingt

Et la série des lettres navrantes et touchantes.

Celle-ci, écrite par un ouvrier de guildiverie, est empreinte d'une originalité naïve qui va droit au

fois j'ai cru la maison emportée. Le dernier étage a été enlevé avec ses lambris, et pour comble de malheur, un énorme cocotier que nous avions dans la cour est venu s'abattre sur la maison. Je ne crois pas que je passerai jamais une nuit plus horrible. J'étais avec mes deux nièces, mon neveu et deux bonnes. Tout ce monde était agenouillé dans l'eau qui envahissait la maison, poussant des cris de terreur, s'attendant à disparaître d'un moment à l'autre, se traînant à mes pieds dès que j'essayais de passer dans une pièce autre que celle où je me trouvais pour aller consolider une porte ou une fenêtre.

Mais ce qu'on ne peut dire, c'est l'horreur, l'épouvante qu'on éprouve dans ces moments terribles ; c'est la violence de ces éléments déchaînés, ces mugissements formidables de la tempête qui glacent le sang des plus vaillants. Et ces scènes tragiques ont eu lieu partout, dans toutes les maisons. L'on doit se regarder comme heureux quand on sort vivant d'un semblable cataclysme.

Je crois que les victimes s'élèveront au nombre de mille. Quant aux blessés, c'est par milliers qu'il faudra les compter.

Et dire que Saint-Pierre a moins souffert que le centre de l'île. Le Morne-Rouge, le Gros-Morne, le Vauclin, Saint-Joseph, le Lamentin, Ducos, sont entièrement détruits. Toutes les autres communes, à l'exception de la Basse-Pointe, de la Grand'Anse, du Marigot, de l'Ajoupa-Bouillon, dont les maisons ont eu leurs toits enlevés, sont dans un état indicible à rendre. Le chef-lieu a souffert comme Saintcœur. C'est le peuple qui parle par sa bouche, et qui plaque les couleurs de sa palette sur la toile, dans le saisissement douloureux qui l'étreint.

« Saint-Pierre-Martinique, le 5 septembre 1891.

« Monsieur,

« C'est encore sous l'émotion du malheur

Pierre ; toutes les constructions nouvelles ont été enlevées ou renversées.

Le cyclone a traversé l'île dans toute la longueur, le centre placé au milieu. Les colonies voisines n'ont rien ressenti et les extrémités de la Martinique ont eu moins à souffrir.

Toute la récolte est perdue, et presque toutes les usines sont à terre. Comment fera-t-on pour vivre d'ici un mois ? Tout le monde se le demande. Dans le moment actuel, on a encore les légumes et les fruits ; mais dans quelques jours tout sera épuisé. Dans combien de temps pourra-t-on reprendre le travail dans les campagnes ? Comment toutes les communes ruinées feront-elles pour vivre ?...

Dites bien à M. Etienne qu'il faut qu'il envoie des secours le plus tôt possible et que les 75,000 francs aux sinistrés qu'il donne ordre de distribuer, pour parer aux premières éventualités, seront comme la goutte d'eau dans laquelle on tenterait d'assouvir la soif de milliers d'affamés...

Les Colonies ont eu beaucoup à souffrir ; les magasins ont été inondés et nous n'avons pu paraître qu'aujourd'hui jeudi 29...

(*Lettre de César Lainé, du 29 août 1891*).

qui nous a frappé que je vous transcris ces quelques mots. Vous dire la panique qui règne à la Martinique devant tant de ruines, tant de débris, serait chose incroyable. Vous avez dû recevoir les journaux ainsi que les premières nouvelles de ce désastre. Mais ce qui est encore plus triste c'est que l'on appréhende déjà les funestes conséquences qui en résulteront. Je ne pourrais vous retracer la physionomie de la terrible nuit du 18 août 1891. On aura beau vous raconter, vous expliquer et vous exposer les faits, il faudrait être sur les lieux pour comprendre et apprécier les deux terribles heures que nous avons passées. Si l'ouragan avait duré une heure en plus, c'en était fait de la Martinique.

« Le mardi 18 août, dans la matinée, le ciel était couvert, déjà le baromètre commençait à descendre ; mais cela nous inquiétait peu, étant habitué à la baisse barométrique. Il n'en fut pas ainsi dans l'après-midi, entre cinq et six heures de grosses rafales accompagnées d'averses venant du nord-est laissaient prévoir qu'un événement devait se produire. En effet, vers les sept heures du soir, le cyclone commençait son œuvre de dévastation. Les quatre éléments, le vent, l'eau, le feu, le tremblement de terre faisaient irruption sur notre malheureux pays, brisant, arrachant, emportant, dévastant tout sur leur passage. Il y avait une grêle de tuiles tellement grande que ceux qui allaient chercher asile chez leurs voisins sont morts ou plus ou moins contusionnés.

« Dans ma rue principalement, nous avons beaucoup souffert. Pour moi j'étais pris de toutes parts. D'un côté, une boutique contiguë à mon domicile venait de prendre feu à la suite d'une explosion d'une lampe; de l'autre, une maison s'effondrait sous les secousses du tremblement de terre. Où fuir? où courir? comment sortir? Ah! je n'oublierai jamais cette nuit fatale, cette nuit d'angoisse, de terreur et d'affolement. Cà et là, des maisons ensevelissant sept, huit, neuf personnes; plus loin des cris désespérés, déchirants se font entendre; ce sont des personnes ensevelies sous les décombres qui appellent au secours! Je ne pourrais vous dire, vous raconter ces scènes de désolation. C'était un sauve-qui-peut général, mais aller où? Il fallait donc se résigner à mourir

« Comme je vous le dis, la rue Schœlcher est la plus éprouvée de toutes celles de Saint-Pierre. La maison n° 1, appartenant à M. et Mme Rigobert-Lapiquonne, s'est effondrée. Plus bas celle de Mme veuve Clouët, contiguë à l'église de la Consolation, a eu le même sort. Quant à l'église elle-même, elle était dans un tel état que le lendemain de la catastrophe la voirie a dû sommer les Pères du séminaire-collège de la faire démolir. Au moment où je vous écris la démolition s'effectue. Plus loin, la grande maison qu'on appelle : *Aux Epingles,* s'est effondrée. Dans sa chute, elle a entraîné la propriété de M. Ormette, entrepreneur, et celle de Mme veuve Louis Volez. Dans ces deux propriétés on a retiré sous les décombres neuf personnes, dont trois grièvement blessées. La grande maison qu'occupait autrefois les frères de Plœrmel, située en face des *Epingles* et habitée aujourd'hui par la famille Reynal, a été brisée par la chute d'un des pignons de la maison d'en face.

« De mon côté (toujours la même rue), la propriété de M. Anselme Travy est tombée en partie par le tremblement de terre, son pignon est venu s'abattre sur la maison que j'occupe.

L'ARBRE DE LA LIBERTÉ
(Avant le cyclone).

L'ARBRE DE LA LIBERTÉ
(Après le cyclone).

C'est vous dire si moi et les miens étaient exposés. A droite, de notre coté, l'incendie se déclarait dans une boutique appartenant à M. Molinier. Après que la maison fut incendiée elle s'affaissait pour communiquer le feu dans un appentis adossé à la propriété de M. Laporte. Là, heureusement, on s'est rendu maitre du feu.

« Plus loin, M. Castelly-Sabel a eu sa maison effondrée par la chute d'un vieux pignon qui l'avoisinait. Plus bas, près de Mme veuve Bénony, une maison servant d'asile aux pauvres s'est engloutie, tuant neuf pauvres malheureuses vieilles femmes dans lesquelles on compte Mme Chorse, une vieille Européenne. Dans la même rue, les boulangeries ont eu leur four emporté; toutes les maisons, toutes, sont découvertes et lézardées.

« Quant aux manguiers de l'église du Fort et surtout les deux palmistes, on les a trouvé couchés le long de la rue des Chiens, comme si une main les avait déposés à terre. L'église, le clocher, toutes les maisons avoisinantes, ont eu leurs toitures emportées. La vieille maison *Sanois*, située rue d'Orléans, qui fut incendiée vers 1848, a eu sa fin en 1891; dans sa chute elle a amené celle de M. Déry-Desrivières, conseiller municipal; d'autres dans la même rue ont été beaucoup endommagées.

« Quant au cimetière du Fort, c'est une vraie désolation. L'homme le plus dur, le plus cruel au monde, en entrant dans ce champ de deuil, éprouve un serrement de cœur. Là, tout est ruine, les portes enlevées comme une paille par le vent, la chapelle gisant à terre comme un château de cartes, les monuments, tombes, fosses, brisés, anéantis. Le mur qui donne sur la batterie s'est écroulé, amenant après lui les tombes et fosses qui y étaient adossées. Le presbytère du Fort ainsi que ses arbres ont subi à peu près le même sort.

« La grande maison de l'habitation Perrinelle, bâtie par les jésuites, s'est écroulée jusqu'aux trois quarts. La vieille maison construite en pierres de taille qu'occupait M. Valentin, père, a eu le même sort. Toute cette habitation a été ravagée, et lorsque de loin on contemple les ruines de cette propriété, on croirait voir les dégâts occasionnés par les ravages de l'artillerie. Le séminaire-collége, avec ses arbres séculaires et rares, n'est qu'un monceau de ruines.

« Les savanes du Fort et du Mouillage ressemblent plutôt à une plaine dévastée, pas un arbre n'est resté debout.

« Pour le Fonds-Coré et Sainte-Philomène, ces deux localités n'existent que de nom. Tout a été ravagé, brisé, arraché, emporté. Il y a une sollitude tellement grande à la campagne, que les habitants sont effrayés. Il y a en ce moment une bien plus grande panique chez nous, c'est que l'Observatoire de Washington a prévu encore un cyclone pour les Antilles, à la date du 4 au 10 septembre. Si nous avons le malheur d'avoir celui-ci, la Martinique disparaîtra du monde.

« Je m'arrête ici, ne pouvant continuer. Je souffre d'une blessure que j'ai reçue dans la nuit du 18. Je ne sais si c'est une pierre ou un poteau qui m'est tombé sur le pied, mais je ne puis marcher. Au moment où j'ai été contusionné, je n'ai éprouvé aucune douleur, car j'étais dans un instant d'affolement; quand mon sang se fut rétabli, j'ai éprouvé un mal si violent que je ne savais que faire. L'enflure produite par le choc était d'une telle grosseur que j'en étais effrayé. Enfin, je fais l'application de sangsues avec cataplasme de beurre, de miel et d'arnica. Le résultat est excellent, car je constate que le mal diminue ; néanmoins, par moments, j'éprouve des 1.doueurs et une grande fatigue.

« Je termine ces deux mots en concluant que la Martinique est ruinée, perdue à jamais. Les forces dont elle dispose ne sont pas suffisantes pour faire face à tant de besoins pressants et pour qu'elle puisse se relever. Nous avons vu le désastre, l'anéantissement de notre belle colonie, mais je pense que nous ne verrons jamais son relèvement et sa prospérité d'autrefois.

« Charles APOTHÉOSE. »

Et il a raison, Charles Apothéose, sa prophétie est d'un homme sensé. Il parle en sage du haut des ruines amoncelées.

Non, on ne reverra jamais le relèvement de la Martinique et sa prospérité d'autrefois :

Il y a trop de morts, trop de blessés, trop de désastres matériels.

Et puis, ce sont les détails, des détails très navrants.

Des enfants nouveau-nés tués par la tempête; deux jeunes mariés, trouvés enlacés, debout près de la porte, saisis par la mort au moment où ils allaient fuir. Un jeune homme de vingt ans, foudroyé, le violon à la main, en face de son pupitre, surpris par l'effort de l'ouragan que, dans son ardeur de poète-musicien, il admirait peut-être par sa fenêtre béante.

Et encore, jusqu'à la côte ouest de la Trinité et du François, des épaves des navires, la veille en rade de Saint-Pierre; la mer flottant à travers des débris, des fûts de rhum innombrables... Dix mille, soit un million cinq cent mille litres embarqués sur la flotille commerciale, à destination des seuls ports de la Métropole, sans compter le sucre, les épices...

Et à la catastrophe, se joignait le désastre financier, désastre que MM. Hurard et Deproge réussirent à conjurer ou du moins à atténuer le plus qu'il était en leur pouvoir, grâce au concours de M. Etienne, sous-secrétaire d'Etat aux Colonies, qui se rendait en personne devant le Conseil d'Etat, et qui d'accord avec la représentation coloniale, demandait et obtenait la prorogation à trois mois de l'échéance des effets de commerce, ce qui n'avait pas eu lieu depuis la guerre de 1870.

Et encore et toujours. La famine se dressant comme un spectre. Plus rien à manger. Pas de patates, la récolte n'ayant pu être faite. Plus de bananes ni de bananiers. Plus un arbre à pain... Et isolée, bloquée, là, au milieu de l'Océan, une population de cent soixante-quinze mille âmes, comme Robinson dans son île.

Et malgré cette aide due à la générosité des riches qui fraternellement se dépouillaient pour les pauvres, la détresse partout.

Sans les secours immédiats des îles sœurs, la Martinique, cette merveille, ce bijou, serait devenu, sous les coups de la faim, une nécropole peuplée de cadavres sans sépulture.

Quand arrivaient les caboteurs anglais, chargés de vivres entassés par l'amitié de la Guadeloupe, de Sainte-Lucie, etc..., la faim était si ardente, que, dans le bas peuple, des hommes s'entrebattaient pour un fruit d'arbre à pain.

Morne-Rouge

Quoique, depuis le matin, la dépression barométrique indiquât un orage, le flot qui porte la foule de Saint-Pierre, en ce petit bourg ravissant, jeté au pied de la Montagne Pelée en un parterre de fleurs intertropicales, n'avait pas changé de direction.

Le Morne-Rouge! C'est le Bois de Boulogne, c'est Asnières! Un lieu de repos et de plaisir.

Une campagne gracieuse comme un paysage de Bernardin de Saint-Pierre, grandiose comme une description de Lamartine ou d'Hugo, où, çà et là, piquent à travers les ramures feuillues des grands arbres, des toits gais, hospitaliers, de cette hospitalité large et touchante des anciens jours qu'on ne retrouve plus qu'en Orient et dans nos Colonies.

Partout, chacun riait, aussi insouciant de l'orage qui s'amoncelait que les Pompéïens de l'éruption du Vésuve.

— Un orage?...

— Pardieu oui!...

Eh bien? il passerait après avoir déversé sa trombe d'eau, voilà tout! Le lendemain n'en serait que plus radieux.

Les jeunes filles préparaient, en famille, sans prétention, ainsi qu'il convient à la jeunesse chaste et bien élevée, de petites sauteries pour le soir. Les parents étaient priés gravement, officiellement, de composer l'orchestre, à l'ordinaire. Il faut bien que jeunes jambes se trémoussent. A vingt ans ! D'autres projetaient des petits jeux, pour l'après-dîner, avec leurs frères, et aussi les cousins qui ne manqueraient point de venir, malgré la pluie.

Une suggestion familiale, qui se renouvelle une ou deux fois la

LE MORNE-ROUGE
(Avant le cyclone).

LE MORNE-ROUGE
(Après le cyclone).

semaine et qui donne l'impression charmeresse de la vie de foyer.

Et dans un coup de babil argentin, au milieu duquel se croisaient, rapides, des éclats de joie, on pressait l'heure du repas comme pour arriver plus vite à celle du plaisir, à cette après-dîner pleine de fraîcheur parfumée, mystérieuse et grisante.

Ah! l'on s'occupait peu du vent, au Morne-Rouge, le mardi 18 août.

Les rafales n'effrayaient personne; et chacun se promettait au contraire, après une forte ondée, une recrudescence d'émanations odoriférantes qu'apporterait la brise après l'orage.

Quant tout à coup, à six heures, une oppression presque subite se mit à peser sur les habitants, — oppression pénible et agitée, où le développement de l'électricité joue un grand rôle et que connaissent bien tous ceux qui ont habité les pays intertropicaux.

Et, presque subitement, avec cette instantanéité particulière aux ouragans, le météore éclata.

Le vent se mit à hurler, épouvantablement. Et au milieu de la nuit qui s'était faite, un jour fait d'éclairs successifs et ininterrompus fit éclater l'épouvante, partout.

A cette lumière blafarde, on voyait les manguiers colossaux, coupés les uns au ras de terre, les autres à hauteur d'adolescent, propulsés au hasard, les tamariniers abattus, tandis que les larges feuilles vertes des bananiers tourbillonnaient, vertigineusement. De temps à autre, des éclairs plus intenses jetaient comme des œillades de feu (1) à cette convulsion terrible. L'amour entre les éléments bouleversés, chose atroce et navrante !

A travers le fracas, soudain on perçut une sonnerie de clairon, faiblement.

La deuxième compagnie d'infanterie de marine, campée dans la savane Chazeaux, allait se mettre en marche pour venir au secours de la population.

L'armée, qui est la France, est toujours prête au moment du danger.

Déjà, à travers l'obscurité, la colonne distinguait Notre-Dame-de-la-Délivrande, le sanctuaire par excellence de la Martinique. Une coquette église parée et calamistrée, lieu de pèlerinage des fidèles martiniquais et des curieux.

Tout à coup, un bruit terrible.

— Quelle canonnade! fit un marsouin.

---

(1) *Les Antilles.*

La canonnade continua quelques secondes. Notre-Dame-de-la-Délivrande s'écroulait.

Il y eut parmi les soldats un moment de stupeur où perçait une pensée unique :

— Dix minutes plus tard et nous étions...

Ils s'entr'regardèrent, l'air hésitant, ainsi que des gens qui viennent d'échapper à la mort miraculeusement. Puis ils reprirent leur course, criant :

— Vive la France !

A ce moment, les toitures se mirent à voler dans l'espace, sous le coup de l'abominable gyration.

En face de l'église, la maison des sœurs de Saint-Joseph, qui donnait d'un côté sur la route, de l'autre sur la falaise, s'abîma. Le lendemain on retrouva sous les décombres quatre religieuses, mortes.

Détail navrant, une jeune fille, Mlle B. Berne, a été trouvée enlacée au col de la sœur Louise. L'élève s'était jetée dans les bras de sa maîtresse pour mourir.

M. Lafosse perdit un fils, âgé de treize ans.

Et miraculeusement, M. et Mme Henry Ariès furent découverts sains et saufs sous le tas de pierres informe de leur maison. Ils avaient été protégés par leur bois de lit.

A la Délivrande, deux autres victimes, les sœurs

Marie-Joséphine et Marie-Emmanuelle. La première appartenait à l'une des bonnes familles de la Martinique, les Bally; la seconde venait d'arriver de France.

Mais ce qui frappa le plus, au milieu de cette épouvantable série de victimes, ce fut la catastrophe de la famille O'Lanyer.

M. O'Lanyer était arrivé à la Martinique depuis quelques jours à peine, après une longue tournée en France et en Amérique, où ses affaires l'avaient appelé.

Jusqu'au 10 août, il n'avait eu à déplorer que la mort d'un de ses enfants sur les quatorze qu'il avait eus.

En quittant la Métropole, il y avait laissé trois fils : le premier, employé à la Compagnie transatlantique; le second, à l'enregistrement, et le troisième, à l'armée, où il sert en qualité de volontaire; et une fille au moment de prendre le voile.

Pour la dixième fois, peut-être, il racontait à sa famille réunie ce qui se passait en France, parlait des chers absents, de l'avenir de ses fils, lorsque le cyclone s'abattit.

La maison qu'il habitait, construite, comme toutes celles du Morne-Rouge, de manière à résister au vent, n'avait qu'un seul rez-de-chaussée.

VUE DE L'ÉGLISE DU MORNE-ROUGE
(Avant le cyclone).

VUE DE L'ÉGLISE DU MORNE-ROUGE
(Après le cyclone)

A la quatrième rafale, elle fut décapitée. Son toit, emporté à travers l'espace comme un fétu, la laissa à découvert comme un crâne qui vient de subir l'opération du trépan. La suivante jeta par terre les douze ou quinze personnes, maîtres et domestiques. Elles s'étaient à peine relevées, meurtries, sanglantes, stupéfiées, qu'une autre rafale, plus violente encore, renversait les murs ébranlés et ensevelissait toute la famille sous les décombres.

Le lendemain, on comptait parmi les neuf morts MM. Charles et Gabriel O'Lanyer et leurs sœurs Rose-Marie et Laure, deux fillettes charmantes, d'une intelligence hors ligne, dont la plus âgée n'avait pas quatorze ans et la plus jeune dix ans à peine; le docteur Chéneaux et sa femme; une des bonnes de ce dernier et deux autres bonnes appartenant aux O'Lanyer.

M. Charles O'Lanyer avait été tué par la chute d'une poutre, tandis qu'il sauvait sa femme et sa petite fille. Il tenait si rudement la main de sa femme qu'il fallut employer la force pour détacher de leur étreinte les doigts déjà raidis de son cadavre.

Gabriel O'Lanyer eut une mort semblable. On retrouva son cadavre embrassant la jeune sœur qu'il venait de sauver.

De cette maison qui contenait vingt personnes, outre M. O'Lanyer père, échappé par miracle à la mort avec sa belle-fille, Mme Charles O'Lanyer, n'ont survécu que Mme veuve Amans O'Lanyer, M. Michel de Garragory, dont la petite fille eut la jambe brisée entre ses bras, sa femme et deux autres de ses enfants (1).

Parmi les autres victimes, dont la mort fut le plus dramatique, il faut compter aussi M. Bernard, qui fuyant sa maison prête à s'écrouler, eut le ventre traversé par une poutre.

Un nombre considérable de personnes ont été retirées blessées sous les décombres.

Les campagnes du Parnasse ont été ravagées, leurs maisons détruites. Grand nombre de personnes ont été blessées.

La route était encombrée d'un tel fouillis d'arbres et de branches que, pendant deux ou trois jours, il a été impossible aux malheureux habitants du Parnasse de communiquer avec la ville.

Comme à Saint-Pierre, les cercueils passèrent dès le lendemain en lamentable file, escortés par les survivants, qui trébuchaient à travers les débris.

(1) *Le Propagateur.*

FORT-DE-FRANCE
Canal de Gueydon et du Séminaire.

Quelques jours après, le 1ᵉʳ septembre, eut lieu une démonstration touchante, à l'occasion du pèlerinage aux débris de Notre-Dame de la Délivrande.

Dès quatre heures et demie du matin, une foule immense s'échelonnait sur la route du Morne-Rouge.

Tout à coup, elle s'arrête, brusquement.

Elle est devant le portail resté debout de la villa O'Lanyer. Alors, spontanément, elle s'agenouille et récite le *De profundis* devant ce calvaire de la douleur.

Témoignage de profonde estime et de pitié douloureuse pour une famille qui ne comptait que des amis.

La troupe s'était montrée à la hauteur de sa tâche. Là aussi, elle a vaillamment fait son devoir, comme partout; elle s'est montrée infatigable, et, dans cette nuit sinistre, officiers et soldats ont fait preuve d'un dévouement sans pareil, ne prenant pas une minute de repos, travaillant sans relâche à relever les ruines des maisons écroulées pour y chercher les personnes enfouies sous la pierre et le bois éboulés. Et c'est au Morne-Rouge, après avoir sauvé plus de vingt personnes, que le lieutenant Pelcot eut les deux jambes brisées en essayant d'arracher une femme à la mort.

C'est là aussi que le capitaine Porion conduisit le détachement cantonné au camp Chazeaux, et où il fut légèrement blessé à la tête de sa troupe qu'il conduisait au sauvetage avec le même brio qu'il l'eut conduite au feu.

A son retour, cette brave compagnie dut accepter l'hospitalité dans la villa de M. H. de Grandmaison, la seule qui demeurât à peu près debout.

Et le lieutenant Jacob, arrivé le 29 pour remplacer M. Pelcot, n'étant pas parvenu à trouver un logement, dut se résoudre à dresser une tente au milieu des ruines du camp Chazeaux.

Tricolore

La famille de M. C..., dont le chef était absent dans le moment, se trouvait en villégiature au *Tricolore*, quand éclata le cyclone qui a ravagé la Martinique.

Au plus fort de la tourmente, la maison habitée par Mme C..., ses quatre enfants et deux servantes, s'écroulait et couvrait tout ce monde de tuiles et de poutres fracassées. Quelques instants de plus, c'en était fait, et les rafales épouvantables qui, comme des coups de bélier, bousculaient ces décombres, au milieu d'une effrayante obscurité, n'eussent pas laissé vivante une seule des personnes que nous venons de citer.

A ce moment, MM. Émile, Aristée et Henri Brunet, trois frères qui habitent d'ordinaire le *Tricolore*, n'écoutant que le cri du devoir, se précipitèrent, au péril de leur vie, au milieu des ténèbres terrifiantes et arrachèrent sept personnes à une mort certaine.

Fonds-Corée

Une autre villégiature, charmante et gracieuse, moins courue que le Morne-Rouge, moins vivante, mais peut-être remplie de plus de grâce et d'attrait, précisément parce qu'elle offrait une retraite plus vraie, plus retirée.

Qu'en reste-t-il ?

Des maisonnettes éventrées, disloquées, effondrées

par la violence du vent ou encore écrasées par la chute des cocotiers et des tamariniers.

Au premier effort de l'ouragan, toutes les maisons qui se trouvent du côté du littoral ont été envahies par la mer, qui a enlevé un grand nombre d'objets, meubles et linges. Sur la route, cette belle voie qui était bordée de grands arbres, il y avait un tel fouillis de branches, un tel entassement de troncs, qu'il était impossible de passer et qu'on a dû y frayer une trouée à la hache.

Rivière-Blanche

Au nord de Saint-Pierre, un bourg délicieux aussi. Est-ce que tout n'était pas délicieux et ravissant à la Martinique, de la ville la plus habitée au feu le plus minuscule?

Son usine, dans laquelle travaillait tous les habitants, a perdu sa cheminée et sa toiture est effrangée, trouée, loqueteuse comme le manteau de Lazarille de Tormes.

Lisez cette correspondance :

« Rivière-Blanche, 7 septembre 1891.

« Nous étions comme brisés, anéantis, et nous nous demandions, en contemplant douloureusement le travail, accumulé de plusieurs générations, perdu en quelques heures, nos champs ravagés, saccagés; nos habitations renversées; nos usines, nos distilleries détruites; nos arbres à fruits comestibles dont se nourrissait, une grande partie de l'année, presque toute la population urbaine et rurale, déracinés, broyés, jonchant le sol, nous nous demandions, disons-nous, si tout n'était fini, si ce n'en était fait de notre belle Colonie, hier encore si riche, si prospère, d'une végétation si luxuriante.

« Ah! mon ami, quelle horrible et lamentable situation! Et pourrons-nous jamais nous relever, quelque vigoureux et énergiques que puissent être nos efforts? L'avenir le dira?

« Vous évoquez, toute la presse de Saint-Pierre évoque le souvenir du passé et rappelle à la génération actuelle que nos pères ont eu, eux aussi, à souffrir de désastres aussi grands et ont, en se remettant résolument au travail, reconstitué rapidement le bien-être, la fortune disparus.

« C'est très beau évidemment ces paroles d'encouragement, ces espérances d'une situation réparable que vous faites miroiter aux yeux de nos populations découragées, affamées, sans asile, sans abri, sans travail, sans lendemain, mais devons-nous nous en tenir-là? N'avons-nous pas pour devoir de crier, de crier bien haut à la France continentale que notre état économique actuel et celui des anciens colons frappés comme nous, ne sont pas comparables et que nous devons fatalement tomber dans la situation de pauvreté, de misère des îles anglaises de la Dominique et de Sainte-Lucie, nos voisines, si la métropole ne nous vient efficacement en aide.

« A l'époque déjà bien éloignée où la colonie a été, comme aujourd'hui, si profondément révolutionnée, nos denrées se vendaient à des prix magnifiques; la sucrerie coloniale n'avait pas de concurrence en Europe et laissait, chaque année, des bénéfices considérables qui couvraient rapidement les pertes, les dommages survenus. D'autre part, les idées abstraites, qui ont cours maintenant en France, y étaient à peu près inconnues.

« Aujourd'hui, nos sucres ont à subir, dans des conditions absolument inférieures, la redoutable concurrence des sucres de betterave. Ils se vendent 14 fr., soit à meilleur marché que leur prix de revient. La fabrication des rhums, la seule industrie relativement rémunératrice qui nous restait, devient de plus en plus impossible.

« J'ai beau envisager l'avenir sous toutes ses faces, il me paraît sombre, bien sombre, épouvantablement sombre.

« Puissent le gouvernement, les Chambres, les grands pouvoirs publics, faire reluire sur notre pays si durement frappé, un soleil réconfortant, un soleil d'espérance.

« Dès le 18, dans la matinée, les observations barométriques, faites sur ma propriété de Saint-Joseph, m'avaient particulièrement ému ; dans la journée, dans l'après midi surtout, elles devinrent à ce point inquiétantes que je dus renvoyer mon atelier vers trois heures et prendre quelques mesures pour ma sécurité personnelle.

« A cinq heures le vent soufflait avec une violence incroyable et, au milieu de mes angoisses, de mes inquiétudes, je faisais admirer à un de mes enfants qui se trouvait sur l'habitation, les dessins, d'une beauté et d'une grâce exquises, que produisaient les bambous de mes mornes, chassés en tous sens par les souffles avant-coureurs de la tempête. C'est certainement le plus admirable tableau naturel que j'aie jamais vu ; mais aussi beau, aussi enchanteur qu'il ait été, je désire ne jamais le revoir.

« A cinq heures et demie, mes écuries tombaient, quelques cases étaient renversées, mes cannes se couchaient sur le sol dans la direction du sud et de grosses branches d'arbres étaient projetées à de grandes distances. A ce moment-là, je vis passer sur la route, à quelques centaines de mètres de la maison, un groupe de trois jeunes enfants se tenant par la main, chassés, bousculés par la tempête. J'allai à eux et les conduisis à la maison. Le lendemain, dès les premières clartés du jour,

BASSIN ET CASCADE DES PITONS

leur mère éplorée, les croyant perdus, écrasés, et remplissant l'air de ses gémissements, a été bien étonnée lorsque je lui ai dit qu'ils étaient chez moi, pleins de vie et de santé.

« A six heures, ma distillerie s'envolait ; toute la tôle qui la recouvrait était violemment projetée à la rivière, située à quelques mètres ; les planches des cloisons étaient brisées, émiettées. Puis, c'était le tour de la sucrerie, du moulin, de la cuisine, du logement des domestiques, de mes cases à travailleurs.

« Et enfin, vers sept heures, les trois quarts de ma maison tombaient avec un bruit épouvantable. Tous les arbres, tous ces splendides artocopes dont les fruits abondants nourrissaient pendant quatre mois une très grande partie de la population qui m'entoure, étaient déracinés, étendus sur le sol comme des monstres qu'éclairaient lugubrement, par intermittence, les éclairs et les feux qui faisaient cortège au météore.

« Il ne restait plus rien ; le souffle dévastateur du cyclone avait produit son œuvre infernale.

« Après avoir d'abord chassé, renversé les

plantations dans la direction du Sud, il les avait ensuite, après une accalmie d'un quart d'heure environ, renvoyées plus violemment vers le Nord, brisant, déracinant, arrachant tout ce qui se trouvait sur son passage.

« Nous étions tous, une quarantaine de personnes, parqués dans une petite salle étroite, entourée de murs construits autrefois, de murs solides qui ont résisté à la tempête, mais nous avions de l'eau aux pieds, sur la tête, partout.

« Quelle affreuse et épouvantable nuit! Et comme elle nous a paru longue! La rivière, à dix mètres à peine, roulant ses ondes avec un bruit effroyable, sortie de son lit, inondant la plaine, menaçant de nous emporter, charriait dans sa course désordonnée tout ce que lui jetait le vent !

« Dès les premières lueurs du jour, nous recevions des passants les nouvelles les plus alarmantes. Les routes étaient encombrées d'arbres, de débris de toutes sortes ; nos habitations, nos usines avaient disparu ; la ruine, la désolation, la mort étaient partout ; la population entière, riches et pauvres, jeunes et vieux, les malades et les blessés, tout le monde campait en plein champ, au soleil, à la pluie. Un peu plus tard, nous apprenions que le bourg du Gros-Morne avait disparu, ainsi que celui de Saint-Joseph; que des habitations Chocot, Belle-Étoile, Séailles, Choisy, Baleu, Réunion, il ne restait plus rien, rien que la terre nue et des débris de tuiles, de planches, de pierres.

« Le géreur de la Chocot, M. F. Sogrin, qui remplaçait son frère en changement d'air, a été trouvé enseveli sous les décombres de la maison, ainsi qu'une bonne qui est morte le surlendemain. Quant au malheureux M. Sogrin, on suppose qu'il a dû mourir instantanément.

« A la *Belle Étoile*, au moment où M. Des Grottes fuyait avec sa sœur et une bonne, la maison s'est effondrée et celle-ci a été tuée. Mon honorable voisin a reçu une assez forte blessure à la tête et à l'œil gauche, et Mme de Thoré quelques contusions légères.

« Le spectacle a été plus douloureux à Saint-Joseph. Que de morts ! Que de blessés ! Le presbytère, la mairie, les deux seules maisons qui ont résisté au cyclone, mais dont les toits ont été enlevés, étaient transformés, le 19 au matin, en salles d'hôpital et recevaient des quantités considérables de blessés et de malades.

« La conduite du curé, M. l'abbé Anquetil, dans ces circonstances douloureuses, a été très belle de dévouement et de charité. Partout où il y avait quelque bien à faire, quelques consolations à porter, on le voyait accourir avec un zèle infatigable, un dévouement que rien ne rebutait.

« Darius Mucret. »

A présent les habitants de la Rivière-Blanche sont sans maison.

Il n'y a pas eu de mortalité ; mais quelques personnes ont été blessées, entre autres un jeune enfant de dix ans qui a eu l'épaule et le bras fracassés par une poutre.

Sainte-Philomène

Et cet autre bourg, à deux pas de Saint-Pierre, comme le Morne-Rouge et le Fonds-Corée. Les plus fervents amateurs de l'horrible (1) n'auraient pu s'y rendre.

Son accès était interdit. Les arbres tombés en travers de la route formaient un abattis, travaux de fortifications passagères, redans et lunettes lancés au hasard de l'ouragan, comme pour défendre à l'homme de pénétrer au cœur des débris qu'il avait amoncelés.

A peine quelques maisons d'importance debout, mais inhabitables ou difficilement habitables.

Celles des pêcheurs, à terre.

Et au milieu de ces amas de choses sans nom, arbres et pierres, l'église abattue, le presbytère en ruines (2).

Les deux rhummeries, Monziol et Lartigue, ont leurs murs renversés; tous leurs appareils gisent sur le sol, mêlés à un amas de débris de toutes sortes.

(1) *Les Antilles.*
(2) *Les Antilles.*

Les pertes sont évaluées à plus de 300,000 francs.

L'école des garçons a été écrasée, aplatie, broyée, sous deux énormes tamariniers qui la recouvrent de leurs branches. La plupart des maisons, le poste de police sont tombés, ont été enlevés par l'ouragan. Les habitants ont dû, pour s'abriter, construire des ajoupas avec les débris de leurs anciennes demeures. Là encore, la misère est très grande, et cette malheureuse population est dans la plus grande détresse (1).

Huit décès dans ce coin de banlieue. Huit écrasements parmi lesquels Mme Désabaye et ses trois filles. Le pendant à la destruction de la famille O'Lanyer.

Le curé blessé ; une de ses servantes a la cuisse cassée ; l'autre, plus heureuse, en a été quitte pour des contusions moins graves (2).

A l'hospice, le spectacle est déplorable, et c'était chose triste à voir que ces pauvres infirmes, chassés de leur lit, mouillés et transis, tristement accroupis sur les marches des salles. Les bâtiments ont été découverts et lézardés ; mais fort heureuse

(1) *Les Colonies.*
(2) *Les Antilles.*

PROPRIÉTÉ FABRE

ment ils ont tenu bon et il n'y a eu aucun accident.

Dès le matin, à sept heures, le maire arriva et de concert avec les deux médecins, MM. Morestin et Cornilliac, le service médical fut assuré. Ordre a été donné de recevoir sans permis tous les blessés ainsi que les cadavres, dont six avaient été déjà reçus dans la nuit. Les élèves de l'hospice y ont été tenus en permanence pour parer à toutes les éventualités. Plus de vingt blessés ont été reçus dans les journées du 19 et du 20; plus de cent, depuis huit jours, sont venus se faire panser. M. de Gentils, nous tenons à le reconnaître, a assuré le service avec un très grand soin et a mis tout le nécessaire, appareils et médicaments, à la disposition des blessés qui venaient se faire panser. Il n'y a qu'à louer également le zèle et le dévouement déployés par les sœurs (1).

Le Prêcheur

Encore une localité qu'il faut ranger parmi celles qui ont le plus souffert.

(1) *Les Colonies.*

L'ouragan a sévi là comme partout, arrachant les arbres, les toitures et endommageant les récoltes. Deux personnes ont été écrasées sous les décombres : une jeune fille de dix-huit ans et un enfant de deux ans.

Dru, Clotilde.
Florus, Rose-Thimothée (1).

Pas une maison qui n'ait point été découverte. Le presbytère, un des attraits pittoresques de l'île, avec son incomparable allée de tamariniers séculaires, sa maison encadrée de verdure, ravagé. Jamais il ne sera possible de le remettre sur le pied d'autrefois. La toiture, les portes, les fenêtres, les cloisons, tout a disparu. Les tamariniers, coupés à la base, gisent au milieu du chemin.

Deux habitations, Préville et Hondeletk, perdues; deux autres propriétés de moindre importance, appartenant à MM. Céron et Raoul Marry, ont été gravement endommagées (2).

La Fontaine-Chaude a considérablement souffert.

---

(1) *Moniteur de la Martinique.*
(2) *Ibidem.*

Les campagnes, presque entièrement complantées en cacaoyers, sont ravagées.

Sainte-Luc

La situation de cette commune est des plus tristes, des plus déplorables. L'église, à moitié démolie, a eu son clocher emporté : le presbytère est gravement endommagé. Deux maisons se sont écroulées, les autres ont perdu leur toiture, toutes se trouvent plus ou moins démolies.

Le débordement de la rivière a submergé le bourg, et l'eau est montée à près d'un mètre et demi de hauteur.

La mer, de son côté, est montée à une très grande hauteur; l'Océan et la rivière mêlés ensemble sont devenus formidables.

Les rues sont défoncées.

Partout on ne voit que des crevasses.

A la campagne, il n'y reste ni maisons ni cases, ni arbres, ni plantations. La récolte est entièrement perdue. L'usine des *Trois-Rivières* a été le théâtre d'un drame horrible.

M. Reynaud, comptable de l'usine, sa femme, trois de ses enfants (une jeune fille de dix-neuf ans, un garçon de quinze ans, une fillette de vingt-et-un mois) et deux servantes ont été ramassées sous les décombres de la maison principale qui s'est effondrée. Mme Raynaud et ses trois enfants sont morts sur-le-champ. M. Raynaud est gravement blessé; une des servantes est légèrement contusionnée; l'autre est sauve.

Cinq décès (1).

Sept victimes ont été retirées sous les décombres.

Lamentin

Le bourg de Lamentin n'offre plus que des ruines, à part quelques rares maisons, toutes les autres sont tombées ou endommagées, à tel point qu'on ne peut

---

(1) *Moniteur de la Martinique.*

y loger. La campagne n'a pas été plus épargnée. La récolte est complètement détruite.

Le quartier de Californie a cessé d'exister ; plus une case ni un arbre. Le grand hangar de l'usine, le magasin de bois de M. Balmelle, bâti en fer, sont tombés.

Pendant la tourmente, M. Nocius et son enfant ont été tués par la chute de la maison Dartiguenave.

M. Rocher a été écrasé par un mur.

Sur l'habitation *Grand-Champ,* un indien a été tué.

Un nommé Darius a péri sous sa case, tenant dans ses bras son enfant qui était vivant et que l'on a pu sauver. L'habitation *Bois-Carré* a perdu tous ses bâtiments.

Des deux rhummeries de M. Eustache, l'une est entièrement brisée ; l'autre s'est écroulée, couvrant sous ses décombres six cent cinquante fûts de tafia.

C'est en allant prendre les tafias livrés par M. Eustache, fournisseur de l'Etat pour Brest et Toulon, que l'*Alice*, yacht de la Compagnie transatlantique qui, après avoir pris un premier chaland, était venu en chercher un autre, a été coulé dans la baie, en face *Morne-Cabri*. Le capitaine, M. William Pierre, s'est noyé, ainsi que le chauffeur et un matelot. Le mécanicien seul a pu se sauver. Projeté hors du yacht, il réussit à s'emparer d'un bout d'amarre brisée, traînée par le chaland, et a pu, aidé d'un des hommes, monter dans cette embarcation qui, quelques instants après, était jetée sur la côte.

M. F. Eustache a échappé au plus grand danger. Il se trouvait avec son cousin, M. G. Eustache, employé à la compagnie transatlantique, au Morne-Cabri, quand l'ouragan les a surpris. Voulant essayer de regagner la route du Lamentin, ils ont été refoulés par deux fois dans les mangles.

Les deux usines Lareinty et Sondon ont beaucoup souffert tant dans leur bâtiment que dans leur matériel d'exploitation.

La population est sans pain.

On compte quarante décès.

Le capitaine de la goëlette française *Pharaon*, qui était mouillée au Lamentin la nuit du cyclone, a disparu.

ÉTAT DES DÉCÈS SURVENUS

Boucop, Marie-Michel-Sésostris.
Boucop, Marie-Apollinaire.
Miloch, Anne-Luce.

Veuve Régis, Catherine, née Miloch.
Indien inconnu.
Romana, Jeanne-Lucette.
Oliny, Pierre-Aimée-Antonie.
Darnal, Paul.
Marie, Aline.
Chance, Adéla.
Chinaman, indienne.
Mouniaman, indienne.
Noram, Hippolyte.
Thrucar, Valentine.
Thrucar, Edmée.
Bonival, Auguste.
Qualine, Jacqueline.
Dame Joseph, Valentine, née Gaupillon.
Fortier, Urbain-Alexandre.
Dame Etienne, Ernest, née Nourel.
Erembert, Ludovic.
Pégo, Ildefonse.
Dubois, Victoria.
Manoumau, dit Thomas, africain.
Dame veuve Villette, née Thérèse.
Nelson, Etienne.
Herbil, Marie-Louise.
Maximin, Benoît.

Inconnu trouvé noyé.
Aubigny, Virginie.
Beaudreuil, Lucien.
Veuve Arthur, née Sophie.
Bompard, Léobert.
Mélaïde, Félix-Antoine.
Langlade, Denise-Alix.
Une enfant non déclarée.
Vimbot, Célestine.
Edmond, Marie-Michelle.
Edmond, Maxime-Darius (1).

A ces pertes, il faut ajouter celles qu'a subies l'habitation Durocher, située près de l'usine Sondon. La maison principale de cette habitation et ses dépendances ont été, nous dit-il, découvertes et gravement endommagées ; le pavillon habité par le géreur complètement emporté ainsi que les écuries.

Sur les trente-six cases occupées par les travailleurs, pas une n'est restée debout, et ceux-ci ont dû chercher un abri dans la purgerie qui n'était qu'en partie découverte. Il n'y a eu qu'une victime ; mais les blessés, parmi lesquels se trouve le géreur, sont

(1) *Moniteur de la Martinique.*

au nombre de vingt. Quoique septuagénaire, le propriétaire ne s'en est pas moins prodigué pour porter secours à tous ses travailleurs et donner ses soins aux blessés (1).

Ajoupa-Bouillon

Le bourg a grandement souffert de l'ouragan du 18.

Le voyageur qui passe sur la route ne voit presque pas de dégâts, parce que la plupart des maisons du bourg sont disséminées.

L'église est découverte, son mur lézardé, le clocher brisé, le presbytère sur le point de s'écrouler ; la maison d'école, si endommagée, qu'il faudra la reconstruire entièrement.

Dans les campagnes où les toits sont de paille, tout est entièrement détruit. Dans cette commune où la terre est extrêmement divisée, où chacun de ses habitants vit de la culture d'un petit champ de cacaoyers, les pertes sont énormes.

1. *Les Colonies.*

Plus de trois cents habitations ont été détruites. La seule habitation sucrière qui se trouve à l'Ajoupa-Bouillon, celle de M. Clos, est complètement rasée ; pas une seule case n'est restée debout ; toutes les cannes ont été arrachées.

Dans *la Déchamps*, toutes les maisons ont été emportées ; au *Baudonné* où l'on comptait près de deux cents maisons, à peine en voit-on une dizaine debout, et dans quel état !

L'on compte deux victimes à l'Ajoupa-Bouillon : M. Hilaire Sacco et Mme veuve Raphaël.

Les habitants se trouvent dans le dénuement le plus complet. Ils n'ont pas de quoi manger, les boutiques n'ayant pas d'approvisionnement et les routes se trouvent dans un état tel qu'il est très difficile de de s'en procurer (1).

Case-Pilote

Dégâts considérables, 4 décès. Misère énorme.
Le hameau de Bellefontaine a aussi beaucoup

---

(1) *Les Colonies.*

ENTRÉE DE LA FONTAINE ABSALON

souffert. Presque toutes les cases y ont été rasées, et les sept ou huit maisons restées sur pied sont découvertes, ont leurs murs lézardés et sont très gravement endommagées. La population se loge sous les débris et sous les arbres renversés. Les enfants se sont réfugiés dans les maisons d'école qui, quoique fort maltraitées, ont gardé leurs lambris, et peuvent les mettre à l'abri des averses et des ardeurs du soleil.

La campagne est ravagée.

Cette populations de marins qui, comme presque toute la population côtière, vit de pêche, ayant perdu ses canots, est très malheureuse et se trouve dans la plus grande détresse (1).

ÉTAT DES DÉCÈS SURVENUS

Dame Alie Gaston, née Charles François Clémencia.

Baril, Paul.

Chatin, Fanellie.

Un enfant innomé, du sexe féminin.

Le surlendemain du sinistre, dans la journée, on retrouva les cadavres des nommés Jules Palier,

---

(1) *Petite France.*

capitaine du *Battemar*, et Achard-Anneville, second du bateau *Esilda-et-Léonie* (1).

À ces quelques lignes très douloureuses, il faut ajouter cette lettre touchante et lamentable.

« Case-Pilote, 28 août 1891.

« Depuis le sinistre évènement du 18, je n'ai pas eu le loisir de vous écrire. D'ailleurs, que pourrais-je vous dire que vous ne sachiez déjà ?

« Case-Pilote, comme partout, a souffert cruellement. Quatre personnes de tuées, dont un enfant de sept jours, huit maisons de renversées dans le bourg, les autres découvertes ; les cases de la campagne emportées, les plantations entièrement détruites, tels sont les terribles ravages que nous avons essuyés en cette nuit de malheur.

« Parmi les édifices publics qui ont eu le plus à souffrir, je vous citerai l'église dont le clocher est entièrement à nu et dont la majeure partie du corps est complètement découverte ; la mairie également découverte entièrement, a

(1) *Monit. des Colonies*.

PONT DE LA FONTAINE ABSALON

plusieurs portes et fenêtres enlevées; plus de vingt-cinq registres de l'état civil sont abimés à un point tel qu'il faudra les reconstruire; le presbytère a été en grande partie découvert, les maisons d'école aussi.

« Les neuf dixièmes des embarcations ont disparu; de sorte que la population, les marins surtout, qui ne vivent que du produit de leur pêche, sont dans le plus pressant besoin. Les denrées ont diminué et par suite les prix en ont été élevés — chose triste! — ce qu'on payait huit sous le 18, est vendu 1 franc aujourd'hui!...

« La population, toujours courageuse, s'est remise résolument à l'ouvrage, et déjà bon nombre de maisons sont réparées; mais ces maisons appartiennent aux gens aisés...

« Quant aux pauvres, c'est la ruine, c'est la misère, c'est la faim qui les assaillent de toute part. Il nous faut absolument le secours de l'autorité supérieure pour sortir de l'état où nous sommes. »

Ducos

Cette commune n'est plus qu'un amas de ruines. Tous les biens communaux sont détruits.

La campagne est ravagée. On évalue à cent le nombre des blessés (1).

Les trois quarts des maisons du bourg, y compris l'église, la mairie, les deux maisons d'école et le poste de police, sont détruits. La campagne a été ravagée par le cyclone. Les diverses plantations sont complètement perdues. Les archives de l'état civil ont pu être sauvées.

On compte 18 décès et 17 blessés. On peut affirmer que le village, qui se trouvait sur une élévation, a été littéralement rasé par le météore.

NOMS DES PERSONNES DÉCÉDÉES CONNUES

Euranie, Théophile-Théogène.
Euranie, Bernard.
Combat, Justin.
Jean-Pierre, Jean-François.
Assurance, Louis-Joseph.

(1) *Moniteur de la Martinique*.

Léandry, Germain.
Chassain, Charles.
Pal, Sainte-Luce.
Aron, Joseph.
Indien inconnu.
Indien inconnu.
Paulin, Raymonde.
Phéon, Louis.
Piquonne, Clémentine.
Lucetton, Rose.
Plane, dite Atinégresse
Manie, Léonie.
Dame Arthur de Thore, née Aimée de Gaalon (1).

Rivière-Salée

La Rivière-Salée a été complètement détruite.
A part quelques maisons, le bourg offre un aspect désolant. La campagne a beaucoup souffert; toutes

(1) *Moniteur de la Martinique.*

les plantations sont dévastées et les maisons abattues.

Non seulement cette commune a souffert du cyclone, mais encore du débordement.

L'usine, après avoir été gravement endommagée, a été submergée. Elle est entièrement ruinée.

Les blessés sont au nombre de trente, et parmi eux, M. Saint-Louis Augustin, le maire de la commune.

Trois-Ilets

Vingt maisons se sont effondrées ; les autres sont sans toiture et gravement endommagées. La nouvelle mairie est entièrement découverte ; l'école des filles n'a plus que son rez-de-chaussée ; les archives sont sauvées, mais elles sont en mauvais état ; l'église est découverte, le clocher détruit. Le presbytère, la maison d'école de garçons, la gendarmerie et le poste de police sont également fortement endommagés.

De toutes les habitations de la commune, parmi lesquelles la Société « Usine Pointe-Simon » en compte cinq, il ne reste rien debout. Toutes les maisons principales et les cases à travailleurs sont détruites, excepté sur l'habitation « Anse-à-l'âne » où les locaux peuvent être séparés en partie. Sur cette dernière habitation, un champ de cinq cents cocotiers qui offrait un coup d'œil magique est complètement ravagé.

A la « Poterie Hayot, » tous les bâtiments d'exploitation sont par terre. Le propriétaire de ce vaste et riche établissement évalue ses pertes, en bâtiments seulement, à 300,000 francs. Tous les principaux éléments de son industrie : machines à vapeur, chaufours, goëlettes, petites embarcations, etc....., ont disparu. Les deux habitations sucrières sont détruites.

En général, toutes les plantations de canne sont à moitié dévastées (1).

La situation des cultures secondaires est navrante : plus une plante, plus un arbre, tout est dénudé, rien n'a résisté au cyclone. En un mot, la population rurale est sans asile et déjà la famine, dans toute sa hideur, sévit chez elle.

On compte dans cette localité cinquante-huit

---

(1) *Petite France.*

blessés, dont six sont en danger de mort (1).
Deux décès (2).

Marin

Dans le bourg, vinq-cinq maisons sont rasées et trente-cinq à moitié démolies.

La campagne est complètement dévastée.

Vauclin

L'état de cette commune est épouvantable à voir.

Le bourg n'existe plus et la population campe sur les ruines. Trois maisons seules sont demeurées debout.

(1) *Les Colonies.*
(2) *Monit. des Colonies*, 25 août.

Ce spectacle est d'autant plus douloureux que les blessés, dont le nombre est considérable, sont exposés à l'injure du temps (1).

La campagne, si riche en magnifiques plantations, est dévastée.

Parmi les morts, on a eu à déplorer la perte du capitaine Théogène, décédé à la suite des blessures qu'il reçut pendant l'ouragan.

Rivière-Pilote

Toutes les maisons, l'église, le presbytère, la mairie, sont découvertes et plus ou moins endommagées. Une vingtaine se sont écroulées. La rivière qui a inondé le bourg est montée, dans certains endroits, jusqu'à 1 m. 50 (2).

Arbres, plantations, tout a disparu.

---

(1) *Petite France.*
(2) *Les Colonies.*

Grand'Rivière

Elle présente un aspect épouvantable. Toutes les plantations ont été arrachées. Pas une maison dont la toiture n'ait été enlevée. L'église est en grande partie détruite. Du presbytère qui venait d'être réparé, il n'existe plus que les murs. Trois maisons se sont effondrées. Un nommé Louis Timant, en voulant abandonner sa demeure pour chercher un abri pour sa famille, a été broyé par la toiture de sa maison.

C'est le seul décès qui ait été constaté.

A ces pertes, il faut joindre celles faites par les habitations *Perpigna* et *Fonds-Moulin*, qui sont complètement rasées. L'habitation du maire ainsi qu'une autre maison ont été emportées (1).

Un fait curieux à signaler. L'eau de la rivière qui traverse le bourg, toujours claire et limpide, est couleur de vidange depuis le 19.

Elle est puante et amère, et dégage une odeur de bitume (2).

(1) *Les Colonies.*
(2) *Petite France.*

Fort-de-France

Les maisons de la ville sont découvertes. Nombre de bâtiments en construction sont à moitié renversés. Le marché couvert en fer a été tordu et jeté à terre en écrasant un certain nombre de victimes. L'immense salle, numéro 4, de l'hôpital militaire, bâtiment de plus quarante mètres de longueur, s'est effondrée, écrasant ceux qui s'y trouvaient. On a retiré quatre cadavres et nombre de blessés, parmi lesquels la sœur de garde qui a la tête fendue.

L'école professionnelle est détruite; l'église provisoire a été fracassée, le polygone, l'artillerie sont sensiblement éprouvés.

A Balata, la seule maison du gouverneur est demeurée debout, quoique très endommagée.

La maison de campagne de Bellevue est découverte et en partie détruite.

Dans Fort-de-France même, une construction en fer appartenant à M. Bédiat, qui ne présentait encore qu'une immense carcasse de fer, a été renversée sur la Savane. La toiture provisoire de l'église s'est abattue. Les ateliers, les magasins du bassin de radoub sont renversés. Un navire à vapeur, le

Vénézuéla, est venu donner contre le bateau-porte du bassin de radoub, qui a heureusement résisté, sans quoi les navires qui étaient dans la forme et la forme elle-même étaient perdus.

La bibliothèque Schœlcher s'est déplacée de plus de dix centimètres ; elle est à jamais perdue.

Le navire de guerre haïtien le *Toussaint-Louverture* qui sortait du bassin, a sombré : et pendant un moment, malgré l'excellence de notre port, on a pu croire que le vent allait broyer tous les vapeurs qui s'y trouvaient.

La Compagnie Transatlantique a perdu toutes ses installations, ses ateliers, ses magasins, ses chalands, son yacht à vapeur, dans cette tourmente.

La savane est dévastée, ses allées d'arbres séculaires jonchent le sol. Les baraquements, construits après l'incendie du 22 juin, ont été bousculés, écrasés par les arbres dans leur chute ; un bombardement en règle n'aurait pas produit de semblables désastres.

Heureusement la seule œuvre d'art de la Martinique, l'admirable marbre qui représente l'impératrice Joséphine, a été épargné. Les palmistes qui l'entourent ont été décapités, mais la tempête a respecté l'œuvre de Dupuis.

VUE DE FORT-DE-FRANCE
(Avant le cyclone)

La circulation a été interrompue pendant vingt-quatre heures ; et grâce à l'activité déployée par la municipalité à laquelle l'administration avait fourni une centaine de travailleurs, il n'y aura pas eu de temps d'arrêt, et l'infection dont la ville était menacée sera évitée.

La conduite d'eau de Gueydon, interceptée par l'ouragan, a été immédiatement rétablie, et les toitures de la ville se recouvrent peu à peu grâce aux quatre belles journées qui ont suivi le 18 août.

On compte malheureusement vingt-cinq morts, dont quelques-uns seulement ont été tués dans la ville. Les autres morts sont des marins noyés ou des gens tués à la campagne, aux environs du chef-lieu.

Les deux usines la *Soudon* et la *Dillon* sont très endommagées. La *Pointe-Simon* a bien résisté, elle a cependant perdu tous ses yachts et ses chalands emportés par le cyclone.

ÉTAT DES DÉCÈS SURVENUS DANS LA COMMUNE DE FORT-DE-FRANCE

Dauba, Anne-Lucile.
Bercy, Marcel.
Duriel, Darius.

Gigon, Désormerie-Albert.
Arsas, Delphine.
Gabriel, Louis.
Espieu, Marcelin-Clément.
Burges, Albert-Eugène.
Lulmin, Octave.
Charles Auguste.
Rosina Nini.
Laguerre, Isaïe (dame).
Bonjean, Jeannine.
Bellay, Aristide (dame).
Joinvier, Sixte.
Virin, indien.
Zacharie Fanfame.
Pierre-Paul Telliam.
Inconnu indien.
Inconnu créole.
Chenelong, Louis-Alexis.
Redoute, Mahé-Justin.
Magoulou.
Inconnu créole.
Inconnu créole.
Fanteau, Boniface (dame) (1).

(1) *Moniteur de la Martinique.*

Schœlcher

L'ancienne Case-Navire a beaucoup souffert du cyclone; il n'y a pas à Schœlcher, au bourg ou à la campagne, une maison habitable. Les boulangeries n'ont pu fonctionner le lendemain du sinistre et les habitants ont manqué de pain. On ne signale cependant pas de décès (1).

Saint-Joseph

Toutes les maisons du bourg, sauf la mairie et le presbytère, dont les toits ont été découverts, sont complètement détruites. Les archives des différents services (mairie, gendarmerie, contributions) ont été emportées par l'ouragan.

Cette commune possédait beaucoup de petites propriétés vivrières, c'est à peine s'il reste encore une

---

(1) *Moniteur de la Martinique.*

cinquantaine de cases. Les pertes en vivres et marchandises sont considérables.

On estime à 150 environ le nombre des blessés et à 20 celui des morts.

Les habitants ont cherché un refuge dans le bâtiment de la mairie.

Toutes les femmes pleurent.

Saint-Joseph compte parmi les communes les plus éprouvées.

Saint-Esprit

L'église, l'école communale des garçons ont été détruites par le coup de vent du 18 août, le presbytère, la mairie, l'école des filles sont debout, mais ont tant souffert qu'ils sont inhabitables. Un grand nombre de maisons du bourg ont été complètement démolies, celles qui restent ont eu leurs toits emportés ou découverts.

On a à déplorer la mort de M. le commissaire de police Robertson, qui a été trouvé sous les décombres de la maison qu'il habitait. Il laisse trois orphe-

FORT-DE-FRANCE. — Vue général de l'Hôpital.
(Après le cyclone).

lines en bas âge. Il y a neuf morts dans cette commune :

Marie Minot.
Robertson, commissaire de police.
Léonie Baston.
Sébastien, Rose.
Cicéron.
Quatre inconnus.

Carbet

Le bourg est démoli, la passerelle enlevée : les beaux cocotiers du bourg et de la Grand'Anse n'existent plus et presque toutes les cases ont disparu.

On y a perdu quatre personnes.

Au hameau du Morne-Vert neuf morts, parmi lesquels l'instituteur M. Tonli et sa femme ; en tout, seize décès.

Le vapeur le *Nedwhite* est venu s'échouer sur le soir à la plage du Carbet, il était chargé de sirop et de mélasse, le feu a pris à bord et l'équipage a pu gagner la terre à six heures du matin.

Voici les noms des décédés connus :

De la Haye, Arissie.
Neller, Louise.
Juston Anicet, Thélius.
Justin, Justine.
Galap, Marie-Aline.
Galap, Jean-Charles.
Tonli, Albert.
Dame Tonli, née Evelina, Marie-Elisabeth.
Dame veuve Tarmin, née Huret, Geneviève
Urion de la Gueulle, Marie-Eugénia.
Bidel, Eugène.
Bidel, Marie-Lucile-Eugénie.
Bifalek, Julien.
Moutoussamy, indien.
Payaudy.
Dame Balmer, née Badian, Lucia (1).

(1) *Moniteur de la Martinique*, 25 août.

François

Le François a été peut-être la commune la plus éprouvée par la catastrophe du 18 août.

La moitié des maisons du bourg sont presque toutes écroulées ; un quart des maisons détruit en partie. L'église a été complètement découverte, le clocher est tombé et une des chapelles a été lézardée. Le presbytère a été également découvert et a ses dépendances détruites.

La mairie a eu sa toiture enlevée ainsi que ses portes et fenêtres. Les archives ont été sauvées, mais elles sont en très mauvais état.

L'approvisionnement des quatre boulangeries du bourg s'élevait au 21 août à 75 barils de farine seulement. La campagne ayant été complètement ravagée, le maire demande avec instance un approvisionnement de vivres pour assurer l'alimentation de sa population.

Beaucoup de blessés.

Nombre de décès 28, dont détail suit :

Audinot, Maximin.
Céron, Joséphine.

Edouard, Romuald.
Mamerlax, Loulou.
Couba, Fauchon.
Lescat, Reinette.
Dame veuve Vitelgo, Léandre.
Evêque Nollidog.
Hyacinthe, Victor-Michel.
Elana, Marie-Eugénie (présentation d'un enfant sans vie, sexe masculin).
Dame veuve Lupon, Césaire.
Cadin, Félix-Joseph.
Sylvestre, Berthe.
Baur, Quentius.
Dame veuve Saint-Cyr, François.
Dame veuve Planète, Placide.
Mardaye (origine indienne).
Chelon, Pamphile Romuald.
Littorié, Paul.
Mucret, Anne-Rosélie.
Médart.
Dame veuve Théoris, Louisy.
Durion, Clotilde.
Madira, Marie.
Virginie, Lucia.
Micou Saint-Ville.

FORT-DE-FRANCE. — Grande Allée de l'Hôpital
(Après le cyclone).

Ridarch, Justin.
N'Goulou, Moïse.

Diamant

Dans ce bourg beaucoup de maisons se sont effondrées. La campagne est complètement ravagée. Les habitations domaniales *Saint-Charles* et les *Palmistes* n'ont pas résisté aux efforts de l'ouragan. Sur la première, deux cases à travailleurs sont tombées et les toitures du bâtiment ont été enlevées; sur l'autre, les dégâts sont encore plus considérables.

Pas de décès.

Anses-d'Arlets

Outre les dégâts occasionnés par le coup de vent, le bourg a été inondé par la ravine le *Mansor* qui a débordé.

Pas de décès au bourg ni à la campagne.

A neuf heures, dans la nuit du 18, la goëlette française *Petit-Coq*, commandée par le capitaine Florius Claude, s'est jetée sur la côte près de l'anse Chaudière. L'équipage a été sauvé (1).

Macouba

Le coup de vent a été aussi violent qu'ailleurs, mais on n'a heureusement pas d'accident de personne à déplorer.

Lorrain

La mairie, le presbytère, les dépendances de la caserne de gendarmerie, l'église ont eu leur toit em-

(1) *Moniteur de la Martinique.*

porté, l'abattoir a eu sa charpente enlevée, l'hospice a été fortement endommagé et une de ses dépendances a été détruite.

La campagne a eu plus à souffrir que le bourg ; les cases sont presque toutes renversées et les cultures abimées.

Sept décès (1).

Marigot

Presque toutes les maisons du bourg ont été endommagées et particulièrement celle de M. Moulonguet.

Le Ponpin, la Plate-Forme, la Dominante, toutes les campagnes avoisinantes ont été entièrement ravagées, les plantations détruites.

L'on a eu à déplorer la mort de Mme Félix Drame, qui a été écrasée sous le mur d'une cave de l'habitation Dominante.

(1) *Moniteur de la Martinique.*

Sainte-Marie

Le désastre est immense, tout est détruit, cases, maisons, récoltes. On craint que la population ne puisse trouver à se nourrir. Il y a déjà douze décès constatés à la date du 20 août (1).

La maison de M. O. de Lagarrigue de Survilliers s'effondra sur sa femme et ses enfants. (M. de Lagarrigue de Survilliers était à Saint-Pierre).

Au moment où eut lieu la catastrophe, M. Huyghes, géreur de l'habitation, se trouvait à quelque distance de la maison. Il accourut.

Et, au plus fort de la tempête, les vêtements arrachés par la violence de l'ouragan, il se mit à déblayer, sans souci du péril, n'ayant qu'un objectif, le sauvetage d'une femme et de ses enfants.

Après d'héroïques efforts, il parvint à dégager Mme de Lagarrigue de Survilliers et les siens. Il prit entre ses bras sa dernière petite fille, une ravissante bambine de quatre ans, toute terrifiée et glacée d'effroi et la porta jusqu'à l'habitation Raoul Salleurs où il conduisit également Mme de Lagarrigue de Survilliers et sa famille.

(1) *Moniteur de la Martinique.*

Trinité

La Trinité a eu une bonne part dans le malheur qui vient de frapper la colonie.

Un tiers des maisons du bourg ont été jetées par terre ; celles qui restent debout sont disloquées et ont leur toiture découverte. Toute la partie nord dite *le Brésil* est emportée ainsi que la rue Paille. Cinq caboteurs ont fait côte ainsi que tous les canots. La campagne est dans un état plus déplorable. Les morts d'hommes s'élèvent à quinze (1).

Incontestablement, la famille de M. Lévy fut le plus éprouvé.

On retira M. Lévy mort de dessous les décombres de sa maison, ainsi que sa femme et ses trois filles.

Une vraie désolation entre toutes. D'autant que M. Lévy était très estimé et très aimé à la Trinité, ainsi que sa famille.

La *Véga*, qui desservait cette localité, a sombré à la Pointe des Nègres. Le capitaine Laurus a péri ainsi que son équipage, à l'exception d'un homme qui a réussi à traverser la baie à la nage.

(1) *Moniteur de la Martinique.*

Les victimes sont, nous écrit-on, au nombre de dix-neuf.

M. Despointes, géreur de l'habitation *Saint-Joseph*, a été tué, sa femme et ses enfants blessés. M. de Coppens et sa femme ont été très gravement blessés.

L'usine de Galivry est rasée ; celle de Bassignac n'a eu que quelques dommages.

Fonds-Saint-Denis.

Toutes les maisons sont ou détruites ou ravagées. Neuf décès. Beaucoup de blessés et impossibilité d'avoir des soins médicaux. Les chemins sont, comme partout, interceptés. On craint la famine.

Le vide complet s'est fait dans la commune du Fonds-Saint-Denis, située, on le sait, très haut, à l'entrée des bois de la Trace. Ses maisons sont ou plutôt étaient disséminées, à l'aventure sur les flancs ou au sommet des mornes, recevant la large haleine des vents.

L'ouragan les a roulées comme des feuilles sèches.

FORT-DE-FRANCE. — L'HÔPITAL. — LA SALLE N° 4
(Après le cyclone).

Une seule maison tient debout et garde un assez bon air : c'est l'école des filles. Tout le reste est à bas. L'église est un amas de pierres. Le presbytère a failli tuer le curé en tombant sur lui.

Les habitants ont fui. On les voyait descendre en longues caravanes sur les flancs du Morne-Abel.

Robert

Les pertes éprouvées au Robert sont indescriptibles : les maisons, les cases à travailleurs, les bâtiments d'exploitation sont détruits ; l'usine a essuyé de très graves avaries ; les embarcations ont été perdues ou brisées ; c'est une ruine complète ; le chiffre des morts est de vingt-huit.

La mairie a pu être convertie en hôpital ; heureusement, car le nombre des blessés est considérable.

Aux ravages du cyclone sont venus s'ajouter les ravages de la mer qui, démesurément grossie et poussée par la tempête, est montée jusqu'à deux cents mètres dans une partie de l'intérieur du bourg, renversant les maisons et faisant grand nombre de victimes. A l'usine qui a été brisée, envahie par la mer, Mme Mongart et sa fille ont été noyées. Mme Gouyer, Mme Séguin, Mme Lucy de Fossarieu, ses quatre enfants et sa bonne, et M. Adrien Fortier ont péri sous les décombres. La famille Lucy de Fossarieu se trouvait à l'îlet Chancel.

La Basse-Pointe

La tornade du 18 août, bizarre et capricieuse dans ses effets comme tous les grands phénomènes électriques, semble avoir sauté par-dessus la Basse-Pointe pour arriver plus vite à Saint-Pierre. Elle a toutefois éventré, en passant, quelques maisons du bourg, enlevé la toiture de la gendarmerie, abattu les arbres, couché sur la terre et dans la boue les cannes toujours si belles de ses habitations; elles sont toutes perdues.

L'usine Vivé a été simplement découverte; l'usine Gradis, on peut dire, n'a presque pas été effleurée.

pas même dans sa toiture ; quelques tuiles à remplacer, voilà tout.

En rade, flottaient des fûts provenant de Saint-Pierre.

Gros-Morne

Le Gros-Morne, qui est l'un des points les plus élevés de la colonie, et qui s'est trouvé dans le centre même du cyclone, est signalé comme ayant été une des communes le plus mutilées par l'événement du 18 août.

Le bourg, comme la campagne, n'offre plus que des ruines amoncelées. On y a enregistré vingt-sept décès; quant aux blessés on ne peut encore les évaluer.

Grand'Anse

L'on croyait généralement, au lendemain du désastre, que les communes du Nord avaient dû souffrir davantage, le cyclone étant venu d'abord de cette direction. C'est le contraire qui s'est produit, ce sont elles qui ont été le moins atteint. Cependant, quoique leurs pertes soient considérables dans les bourgs, les campagnes sont dévastées comme partout ailleurs ; car pas un coin de l'ile n'a été épargné.

A la Grand'Anse, les maisons du bourg ont été découvertes et trois vieilles maisons placées en face de la mer se sont seules écroulées. Il n'y a pas eu de victimes. Mais dans les environs qui ont eu beaucoup à souffrir, la plupart des cases ont été emportées, et les plantations ont été entièrement détruites. Sept personnes ont été tuées.

Sainte-Anne

L'église et quelques maisons ont été découvertes.

Comme la plupart des communes qui se trouvent aux extrémités de l'ile, Sainte-Anne a un peu moins souffert, étant placée relativement loin du centre du cyclone.

LE GROS-MORNE

Paris, la nouvelle éclate, lugubre. Chaque dépêche apporte, en son style trop laconique, trop concis, des détails qui font haleter d'émoi.

La série hachée qui tombe morceau par morceau de l'appareil Hugues à la rue Royale, étreint l'âme.

Fort-de-France, le ? août 1891.

Gouverneur à Colonies, Paris.

Renseignements parvenus sur communes. Saint-Pierre, cinq morts plusieurs blessés. Morne-Rouge, plusieurs victimes, nombre non déterminé. Rivière-Pilote, deux morts. Trois-Ilets, pas de victimes. François, seize morts. Trinité, dix morts. Fort-de-France, sept nouvelles victimes, usines et maisons partout détruites ou endommagées.

Récolte perdue. Bateaux présents à Saint-Pierre tous à la côte. Depuis 1817 on n'a eu de désastre aussi lamentable.

Fort-de-France ? août 1891.

Gouverneur Martinique à Colonies, Paris.

Hier soir, de sept à dix heures, cyclone s'est abattu sur colonie, dommages considérables Fort-de-France et environs. Un pavillon hôpital renversé a écrasé trois artilleurs, Espieu, Burgers et Boulanger Gabriel; cinq victimes en ville : Mme Bellage, enfants Joinvier, femme Marie-Antoinette et deux inconnus. Camp Balata détruit, sept soldats blessés. Troupe rallie ville, mais casernes sans toiture, sera logée au fort Saint-Louis. Lamentin complètement détruit, dix décès, beaucoup de blessés.

Communications avec Saint-Pierre et reste colonie interrompues. Un bateau Compagnie Girard perdu, sans nouvelles des autres.

Martinique ? août 1891.

Gouverneur Martinique à Colonies, Paris.

Par suite cyclone, situation industrielle et commerciale très ébranlée; pour empêcher catastrophe commerce et établissements crédits sollicitent prorogation trois mois échéances, effets commerce ainsi que délais protêts, par analogie loi 13 août 1870 et actes suivants. Câbler décret.

Fort-de-France, le ? août 1891.

Gouverneur Martinique à Colonies, Paris.

Impossible évaluer approximativement chiffre perte. Il s'agit de nombreux millions ; dégâts considérables sur toute surface colonie. Habitations détruites ou endommagées, récoltes presque toutes perdues, arbres partout abattus. Les bourgs du Gros-Morne, Ducos, Vauclin, Morne-Rouge, Saint-Joseph, n'existent plus. Expertise sera faite par Commissions spéciales aussitôt que possible.

Plusieurs lois modificatives Code commerce ont été déclarées applicables colonie par décret sénatus-consulte 54 réservant à loi régime commerce extérieur.

Martinique ? août 1891.

Gouverneur Martinique à Colonies, Paris

Derniers renseignements : trois cent quarante morts, nombre marins naufragés encore inconnu.

Vous remercie sympathie. Gouvernement qui contribue à soutenir énergie population, comptons sur générosité Parlement et concitoyens mère patrie. Tous nos navires ayant disparu, ai autorisé navires étrangers faire cabotage pour apporter vivres dont avons grand besoin. Ai ouvert crédit 100.000 francs pour rétablir circulation intérieure, reliquat souscriptions Fort-de-France 75,000 francs. M'efforcerai à composer Commissions répartition de manière éviter froissement autant que possible. Lieutenant Pelcot grièvement blessé.

Fort-de-France, 21 août 1891.

Gouverneur Martinique à Colonies, Paris.

Derniers renseignements :

Nombre des morts : Saint-Pierre, 34. Morne-Rouge, 28, dont 9 membres famille O'Lanyer et 5 sœurs. Délivrande, Fonds Saint-Denis, 7. Prêcheur, 6. Carbet, 4. Saint-Joseph, 20. Marin, 8. Vauclin, 10. Ducos, 18. Lamentin, 26. François, 22.

Robert, 28. Rivière-Pilote, 7. Beaucoup de blessés, partout maisons démolies ou endommagées, reste quatre maisons à Ducos, grande partie population sans asile et sans pain. — Consternation générale.

Martinique, 24 août 1891.

Gouverneur Martinique à Colonies, Paris.

Résumé cyclone 18 août dernier. — Depuis dix heures matin baromètre commencé à baisser; à 8 heures soir était ici à 726, heure où le cataclysme était en toute fureur; a commencé à 7 heures soir et a cessé à 11 heures. A Fort-de-France à 8 heures baromètre était à 710. Ouragan traversé Martinique Sud au Nord dans sa plus grande longueur. Toute colonie ravagée; pas une maison restée couverte, tous bourgs et campagnes complètement rasés ressemblent à plaine.

FORT-DE-FRANCE
Marché couvert renversé par l'ouragan.

Fort-de-France, 24 août 1891.

Gouverneur Martinique à Colonies, Paris.

Toutes nouvelles constructions en fer et en pierre renversées ainsi que marché couvert. Tamariniers séculaires ainsi que tous autres arbres déracinés. Montagnes nues d'arbres. Tous vaisseaux sombrés à la côte, excepté *Souverain*, qui a pu arriver Martinique. Dommages matériels considérables. Morts et blessés ne se comptent pas. Opinion générale si métropole ne vient pas secours périrons par famine. Prix denrées de toutes conditions déjà augmentés. En somme, Martinique perdue si ne reçoit pas prompts secours. Désastre général, Martinique seule victime de la catastrophe. A plus tard les détails qui ne nous sont pas parvenus. Toutes communications téléphoniques interrompues dans l'intérieur de l'île.

Fort-de-France, 25 août 1891.

Gouverneur Martinique à Colonies, Paris.

Disparu dans cyclone équipage entier *Marguerite-Grainville* armé Havre, Labour, capitaine, inscrit Saint-Nazaire 82, sauvé matelot Grainville 547. Nos caboteurs échoués ou brisés, personnel commissariat insuffisant.

Fort-de-France, 27 août 1891.

Commission Coloniale Martinique à Colonies, Paris.

Colonie ravagée, communes détruites, plantations anéanties, cannes, denrées coloniales ravagées, vivres disparus, usines moitié démolies, bâtiments, bourgs, campagnes rasés. PERTE 50 MILLIONS. Population sans asile, sans pain; famine menace, secours urgents en vivres et argent.

Fort-de-France, 27 août 1891.

Gouverneur Martinique à Colonies, Paris.

Envoyez le plus de vivres possible en farine, morue, légumes secs, pommes de terre, viandes salées.

Déléguez 500,000 francs pour le moment.

Nombre des morts, trois cent soixante-dix-huit. Vous envoie télégramme Commission coloniale.

Fort-de-France, le ? septembre 1891.

Gouverneur Martinique à Colonies, Paris.

Chambre commerce, syndicats industriels et agricoles, banque m'adressent mémoires indiquant désastre général agriculture; récolte dévastée, matériel désemparé, et signalant secours argent et vivres répondent à détresse momentanée sinistrés nécessiteux, mais seul moyen relever agriculture source vitale pays dégrèvement pour quatre ans produits agricoles entrée France permettant compensation déficits forcés budgets local et communaux. Expose situation exacte, appelle bienveillance gouvernement, sur vœux qu'assemblées me demandent aller soutenir France. Lettre suit.

Fort-de-France, 9 septembre 1891.

Gouverneur Martinique à Colonies, Paris.

Conseil général délègue Bougenot et Président qui partent demain, informez Bougenot.

La lecture de ces télégrammes, comme ceux de l'Année-Terrible, emplit le cœur d'angoisse.
La ruine de la Martinique étonne autant qu'elle épouvante.
On attend des nouvelles.
Et, en attendant, les télégrammes de condoléances partent à l'adresse du gouverneur. C'est la Trinidad, c'est Sainte-Lucie, c'est la Guadeloupe, c'est la Bar-

bade, c'est l'Amérique, c'est l'Europe..... C'est la dépêche touchante de M. Albert Grodet, l'ancien gouverneur, qui, ému à l'idée de la Martinique en perdition, envoie l'expression de sa peine profonde, en même temps que l'annonce de la souscription, votée avec enthousiasme, par les Guyanais (1).

Enfin, le courrier arrive, dramatique, apportant avec toutes ces catastrophes émouvantes, relatées au chapitre II, le rapport de la Commission spéciale du

---

(1) Condoléances des colonies voisines.

Gouverneur Trinidad à gouverneur Martinique.

Le gouvernement et le peuple de la Trinidad sympathisent très profondément et sincèrement avec la Martinique dans la triste perte de vies et de propriétés causée par le dernier ouragan. Je prie Votre Excellence d'accepter ma sympathie personnelle. Le consul français vient de me faire connaître la nature et l'étendue de la calamité.

Administrateur Sainte-Lucie à gouverneur Martinique.

Appris avec chagrin le malheureux résultat de l'ouragan. Recevez expression de la plus grande sympathie de cette colonie.

Gouverneur Guadeloupe à gouverneur Martinique.

Suis douloureusement impressionné par nouvelle désastres qui viennent encore de fondre sur Martinique, et, avant tout, tiens exprimer en mon nom et en celui de la Guadeloupe

Conseil général, précis comme une équation, net comme un couperet de guillotine.

A le lire, on dirait une condamnation à mort, l'exécution de l'île, à moins que la France tout entière, gouvernement et population ne viennent au secours de la Martinique.

A travers son langage laconique et pesant, d'œuvre officielle et financière, on sent percer une amertume désolée : celle de la ruine définitivement consommée.

Et, dans la bruée des chiffres formidables qu'il énonce, on a la vision épouvantée de villages dé-

toute la sympathie que nous éprouvons pour de telles infortunes.

Gouverneur Cayenne à gouverneur Martinique.

Rentre tournée, vous envoie expression peine profonde causée à habitants Guyane et moi pour désastre 18 août. Commission coloniale aujourd'hui a voté 5,000 fr., souscription ouverte, enverrai mandat 3 septembre.

GRODET.

Gouverneur Barbade à gouverneur Martinique.

L'île de la Barbade envoie sa profonde sympathie aux victimes de l'ouragan, et a voté mille livres sterling pour les secourir. Vous pouvez tirer sur le Colonial Bank d'ici pour cette somme.

FORT-DE-FRANCE. — SAVANE. — ALLÉE DES SOUPIRS.
(Après le cyclone.)

truits, de villes abîmées, de campagnes désolées, de torrents débordés, d'incendie et d'inondations, qu'éclairent des coups de foudre successifs.

On voit, au milieu du Conseil, le rapporteur se lever, grave, entre les figures graves, et on l'entend lire, l'angoisse dans la voix :

COLONIE DE LA MARTINIQUE

RAPPORT DE LA COMMISSION SPÉCIALE
DU CONSEIL GÉNÉRAL
SUR LE CYCLONE DU 18 AOUT 1891

Messieurs, votre attention est sollicitée par une question de vie ou de mort. La Martinique doit-elle continuer à être par ses besoins, ses aspirations et ses traditions, un pays digne de la civilisation et fier d'être français.

Autant que l'on peut chiffrer en ce moment les pertes que le cyclone du 18 août dernier a causées, l'on arrive aux évaluations suivantes :

40 pour 100 sur une récolte de 40,000 tonnes de sucre et de 10,000,000 de litres d'alcool représentant 21.000.000 fr., soit. … 8.400.000 fr.

Sur la récolte de 1893 qui est tout naturellement affectée par la destruction des cannes. … … … … … … … … … 5.000.000 »

Les habitations vivrières occupées par 70,000 personnes, si ce n'est plus, à 200 fr. par tête. … … … … … … … … … 15.000.000 »

Les bâtiments de 540 établissements sucriers à 25.000 fr. par établissement . . 13.500.000 »

Les bâtiments et l'outillage de 25 usines à 100.000 fr. par usine en moyenne. … 2.500.000 »

Dans l'industrie céramique. … … … 400.000 »

Dans la fortune industrielle, commerciale, foncière et domaniale, une somme égale au moins au total des pertes rurales. … … … … … … … … … 44.000.000 »

Soit environ. … … 88.000.000 fr.

Et ce sont là des évaluations faites avec un parti pris de modération qu'il serait plus juste de relever et auxquelles il y aurait peut-être à ajouter bien des omissions et des lacunes. Il faut savoir regarder le mal en face, pour en mesurer l'étendue et chercher les moyens d'y remédier.

Nous sommes assemblés et nous délibérons sur des ruines presque sans précédent. Jamais la colonie ne s'est trouvée dans des malheurs pareils, même en remontant à une époque où les conditions économiques étaient si différentes d'aujourd'hui, et aussi gravement atteintes; ce n'est pas moins que son existence et son avenir qui sont en jeu.

Certes, les secours qui nous sont envoyés et que notre détresse nous fera offrir seront les bienvenus; nous n'avons pas le droit de refuser aucune assistance, sous quelque forme quelle nous soit donnée. Nous l'appelons, et nous en serons bien vivement touchés. Mais les secours, qu'elles qu'en soient la quotité et la générosité, seront insuffisants et ne peuvent satisfaire qu'aux besoins, si pressants du reste, des nécessiteux, dont la misère générale a accru un si grand nombre dans une incalculable proportion.

D'un bout à l'autre de la pauvre colonie que nous représentons, il faut le reconnaître, une seule pensée s'est élevée, celle du relèvement par le travail, par l'effort; ce que l'industrie avait créé, c'est à l'industrie qu'il faut demander de le refaire. Mais pour cela, pour que ce peuple de producteurs courageux et acharnés à féconder le sol que notre île contient, refasse son œuvre, il faut qu'ils soient aidés. C'est par l'impôt, le plus puissant agent social qu'il y ait, que nous devons demander à l'État de nous sauver.

Tout le monde, sans exception, a été atteint et il faut organiser l'assistance, demander qu'elle aille à tous; il faut que nous puissions atteindre ce but par un dégrèvement de toutes taxes locales, quelles qu'elles soient;

d'entrée, de sortie, foncière, mobilière, etc., suspendues, intégralement en 1892, et atténuées de 80, de 60, de 40 et puis de 20 pour 100 pendant les quatre années suivantes, après lesquelles elles reprendraient leur niveau normal.

Notre fonctionnement doit néanmoins rester le même pendant ce temps, car il est essentiel qu'aucun de nos organes s'atrophie ; nos dépenses doivent être à peu près les mêmes, sauf les économies indispensables qui seront minutieusement examinées et adoptées.

D'un autre côté, un dégrèvement local est absolument insuffisant à rétablir notre production : cette production est celle du sucre ; c'est par elle que nous vivons, que nous sommes et c'est à elle qu'il faut d'abord et surtout penser à rendre toute sa vitalité : elle seule pansera définitivement la plaie faite.

Il faut songer aussi à prévenir son extinction définitive que tout malheur nouveau amènerait infailliblement.

Le sucre pourvoit dans la métropole à une importante contribution de consommation. Quelles que soient la forme et l'importance du prélèvement que l'importation en sucre, provenant de notre colonie, verse au trésor, un dégrèvement total peut nous être concédé pendant une période, dans la mesure nécessaire pour comprendre et donner : 1° la somme que représenterait l'affranchissement de toutes nos taxes locales que nous pourrons alors voter, suivant la graduation décroissante ci-dessus ; 2° celle indispensable à représenter la protection qu'il est absolument utile de donner à la canne et au sucre et

FORT-DE-FRANCE. — RUE SAINT-DENIS
(Après le cyclone.)

qui serait réglée ultérieurement par une répartition équitable.

Un dégrèvement partiel, que les conditions plus commerciales qu'industrielles de la distillerie peuvent rendre moindre, devrait avoir lieu aussi sur le prélèvement constitutif que le tafia fournit à son importation en France.

Ces dernières mesures seules peuvent permettre de faire le dégrèvement total, en assurant les services généraux et indispensables de la colonie et les fonctions de son existence qu'il faut maintenir.

Par leur ensemble et leur combinaison, la principale, aujourd'hui l'unique production du pays serait aidée, réorganisée, maintenue et au bout du temps peut-être rétablie ; le travail général est offert à tous, l'existence de chacun est plus assurée et la reconstitution peut s'opérer, ce à quoi aiderait le dégrèvement général de tout impôt local qui ne recevrait que graduellement et au fur et à mesure de la renaissance de la chose imposable.

Il y aurait encore dans ces combinaisons bien des intérêts en plus grande partie sacrifiés, bien des victimes insuffisamment secourues, mais qui retrouveraient, elles aussi, dans la restauration de la fortune générale, les conditions normales et habituelles antérieures de leur position aujourd'hui détruite.

Votre Commission s'est inspirée des besoins les moins incontestables du pays, se gardant toujours de toute exagération, des nécessités inévitables de la situation, du péril dans lequel nous succomberions certainement si nous n'obtenions ces mesures, du salut qui est seulement là et non ailleurs et des sentiments les moins trompeurs que la grande patrie a pour nous.

— Tout nous convie à mettre dans les grands pouvoirs publics dont notre sort dépend désormais, la confiance la plus entière. La métropole ne laissera pas mourir sa fidèle Martinique.

En conséquence, votre Commission vous propose d'émettre le vœu qu'un dégrèvement soit accordé par les pouvoir compétents sur le droit de consommation supporté par les sucres de la colonie dans la métropole et sur le droit de consommation perçu sur les tafias. Ce dégrèvement dans ces proportions représenterait : 1° le montant des taxes locales qui seraient remplacées, par ce moyen, pendant le temps où celles-ci seraient suspendues ; la somme équivalente étant versée au budget local ; 2° le montant de la prime à accorder pendant cinq ans aux planteurs ruinés, prime qui, sous forme extraordinaire ou temporaire de détaxe, serait accordée à la culture suivant des bases à déterminer par les représentants du pays.

Votre Commission ne doit pas laisser d'exprimer que si des empêchements qu'on ne peut prévoir venaient mettre obstacle, en partie ou en tout, à la mesure sollicitée dans son ensemble, ce qui concerne la prime à l'industrie du sucre est dans sa pensée un minimum irréductible et sans lequel la colonie serait abandonnée dans les sources de son existence.

Votre Commission qui s'est mise en présence de quelques membres de l'industrie sucrière de la colonie, pour s'inspirer de leurs vœux et de leur expérience, a exprimé à l'un d'eux, M. Octave Hayot, le désir de lui confier la mission d'aller en France soutenir le suprême appel que le pays adresse à la mère patrie.

Vous approuveriez et vous vous associeriez à ce désir, si M. Hayot n'avait cru devoir, par des considérations d'un ordre supérieur, décliner la mission qui lui a été offerte.

Mais vous reconnaîtrez comme nous et les honorables industriels eux-mêmes, dont il vient d'être parlé, qu'il est de toute nécessité de déléguer un représentant qui a assisté à l'effondrement d'une accumulation d'efforts, de labeurs et d'épargnes de plusieurs générations et qui, dès lors, serait en mesure de dépeindre l'état de nos misères et d'aider notre représentation légale en travaillant avec elle au salut du pays.

Le rapporteur,

Saint-Félix.

Quatre-vingt-huit millions ! tout autant.
Comment combler cette perte ?
Quatre-vingt-huit millions !...

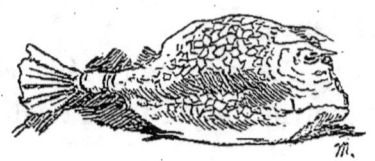

IL est des pages qui ne s'écrivent pas. Des lettres tracées sur le papier ressortent en caractères de feu. D'une sécheresse officielle, toute spartiate, éclate un triomphe grand comme l'armée de France à laquelle l'infanterie de marine appartient.

A la suite des événements du 18 août, les membres du Cercle militaire de la Martinique écrivaient :

Le 23 août 1891.

Colonel,

Un horrible désastre a fondu sur notre pays, dont vous êtes le chef militaire.

Notre belle ville de Saint-Pierre est un monceau de ruines.

Le Morne-Rouge où nos familles se trouvent comme d'habitude pendant cette saison de l'année, ne présente plus que des débris informes.

Là il y avait un danger bien grand pour l'existence de toute la population ; mais à côté de ce danger se trouvait une poignée d'hommes appartenant à l'armée française.

Nous sommes fiers de faire passer par vos mains, Colonel, les témoignages de reconnaissance que nous devons à M. le capitaine Porion, commandant la compagnie, à M. le lieutenant Pelcot, à ses autres officiers dont nous regrettons de n'avoir pas les noms en ce moment, à tous ceux, en un mot, qui marchaient avec eux depuis le premier moment du danger jusqu'à maintenant encore, ayant fait abnégation de tout, pour ne penser qu'à la noble mission qu'ils accomplissent.

Par leur courageux dévouement, ils ont acquis un

nouveau titre à notre admiration pour l'armée, et leurs noms resteront gravés en lettres d'or à nos foyers comme témoignage de notre gratitude.

Veuillez agréer, Colonel, l'assurance de notre profonde sympathie et de notre dévouement absolu.

(Suivent les signatures des membres du Cercle.)

Pour copie conforme :

H. DE GRANDMAISON,   Anatole DE MONSIGNY,
Président,   Secrétaire.

C'était la population qui se levait, reconnaissante, envers l'infanterie de marine, fière d'elle, et qui le lui disait hautement.

La réponse ne se fit pas attendre.

Le lendemain, le gouverneur accordait officiellement un témoignage de haute satisfaction aux officiers, sous-officiers, gendarmes et soldats qui s'étaient distingués à l'affaire du 18 août, aussi chaude qu'une bataille, avec ce dévouement, cette énergie, cet enthousiasme qui n'appartiennent qu'aux seuls Français.

CITATION A L'ORDRE DU JOUR

OFFICIERS

MM.

Tasson, chef d'escadron, commandant de gendarmerie. A fait preuve de courage et de dévouement, pendant le cyclone, en dirigeant le service de secours et en se multipliant partout où sa présence était nécessaire.

Dudraille, chef d'escadron, commandant d'artillerie. A dirigé avec beaucoup de courage toutes les opérations de sauvetage de son personnel et de conservation du matériel de la direction d'artillerie.

Pelcot, lieutenant d'infanterie de marine. Blessé très grièvement à la cuisse et à la hanche en conduisant un groupe de soldats, qui se portait au secours des familles ensevelies sous les décombres.

Messager, capitaine d'infanterie de marine. A montré le plus grand courage, pendant toute la durée du cyclone, soit en s'occupant du sauvetage des soldats ensevelis sous les décombres, soit en assurant le transport et la mise en lieu sûr des blessés ; a exercé une heureuse influence sur le moral de sa troupe, au milieu du danger, par sa belle attitude, son entrain et sa présence d'esprit.

Porion, capitaine d'infanterie de marine. Etant commandant d'un camp, a, par de sages dispositions, sauvegardé de tout accident sa troupe dont toutes les baraques ont été détruites ; s'est ensuite porté au secours d'un bourg voisin, où il a opéré avec ses hommes de nombreux sauvetages ; a pris la direction de tous les secours, et a, de l'avis unanime de toute la population, montré le plus grand courage et la plus grande énergie, au milieu d'une population affolée.

Poitout, lieutenant d'infanterie de marine. A failli se noyer, en accomplissant, la nuit, en pleine tourmente, une course de neuf kilomètres dans la montagne, pour aller demander au chef-lieu des secours et des moyens de transport pour les blessés de son bataillon ; a effectué cette mission, au milieu des dangers de toutes sortes, sur une route où s'abattaient des arbres et où, en certains endroits, la rivière avait débordé.

Barthère, capitaine d'artillerie de marine. S'est rendu à l'hôpital, en plein cyclone. A procédé lui-même, avec ses hommes, au déblaiement d'un bâtiment écroulé ; quinze malades dont trois morts ont été retirés. S'est ensuite rendu au marché couvert où l'on avait réclamé du secours ; deux cadavres ont été retrouvés. A fait le lendemain matin, par une route presque impraticable, vingt kilomètres pour aller chercher un détachement de sa batterie, dont on n'avait pas de nouvelles depuis la veille.

Thual, lieutenant d'artillerie de marine. S'est bravement dévoué pendant le cyclone ; a fait huit kilomètres pour demander du secours pour ses hommes et est retourné à son poste au milieu de grandes difficultés.

Lobbedez, capitaine d'infanterie de marine. A montré beaucoup de courage et de sang-froid au milieu de ses hommes, dont les baraques avaient été détruites ; a pris d'heureuses dispositions pour éviter de plus grands malheurs.

De Villeneuve, capitaine d'infanterie de marine ; Alla, lieutenant d'infanterie de marine; Deuxdeniers, *idem* ; Joly, *idem*. Ces quatre officiers se sont portés au secours des malades de l'hôpital enfouis sous un des grands bâtiments de cet établissement ; ont coopéré au sauvetage des malades gravement compromis sous les décombres ; ont effectué ces sauvetages en plein cyclone, dans un endroit où des arbres énormes s'abattaient autour d'eux.

Le Ny, capitaine de gendarmerie. A puissamment secondé le commandant de la compagnie pour l'organisation des secours et du service d'ordre. A bravement payé de sa personne quoique malade.

Jacob, lieutenant d'infanterie de marine. A déployé la plus grande énergie en dirigeant, sous une pluie de décombres, le sauvetage de dix-sept personnes.

Villette, lieutenant de gendarmerie. Belle conduite. A dirigé le sauvetage des personnes en danger, a parcouru huit kilomètres à pied pour porter des secours.

Cogordan, lieutenant de gendarmerie. Brillante conduite. A dirigé son personnel avec énergie et intelligence, dans toutes les opérations de sauvetage, et a, au prix de sa vie, contribué au sauvetage d'un grand nombre de personnes.

Talon, lieutenant d'infanterie de marine. A montré beaucoup de courage et de sang-froid au milieu de ses hommes, dont les baraques avaient été détruites, a pris d'heureuses dispositions pour éviter de plus grands malheurs.

Duranton, médecin de 2ᵉ classe. A montré le plus grand zèle en secourant les blessés du cyclone.

Langlais, garde d'artillerie de 3ᵉ classe. Grand dévouement, en procédant pendant la nuit à la recherche des malades enfouis sous les décombres du bâtiment de l'hôpital écroulé ; s'est ensuite rendu au marché couvert de la ville où il a réussi à faire deux sauvetages.

Bezis, garde d'artillerie de 2ᵉ classe. S'est fait remarquer par son dévouement, soit à l'hôpital, soit à la direction d'artillerie.

SOUS-OFFICIERS, BRIGADIERS, CAPORAUX ET SOLDATS

Poitout, adjudant d'infanterie de marine. Blessé gravement à la tête, en courant porter des secours à des habitants ensevelis sous les décombres.

Binétruy, adjudant d'artillerie de marine. A fait évacuer l'étage d'un bâtiment où étaient logés des artilleurs, quelques instants avant que ce bâtiment s'écroule, et a, par sa présence d'esprit, évité un grand malheur. Grand dévouement pendant le cyclone. Brillante conduite.

Cazenave, brigadier de gendarmerie à pied. Brillante conduite. A risqué sa vie en opérant le sauvetage de marins qui se trouvaient en détresse dans le port de Saint-Pierre.

Bellières, sergent d'infanterie de marine. A fait preuve de courage en parcourant 19 kilomètres, pendant le cyclone, pour l'exécution d'un ordre.

Perry, brigadier de gendarmerie à cheval. A risqué plusieurs fois sa vie, pour retirer des décombres de cinquante-huit maisons, de nombreux morts et blessés.

Petit, maréchal des logis chef d'artillerie. A fait preuve de beaucoup de zèle et de dévouement ; a entraîné les hommes par son exemple, en procédant, pendant la nuit, au milieu de grandes difficultés, aux recherches des malades enfouis sous les décombres.

Vitrey Mulot, sergent d'infanterie de marine. Courage et dévouement pendant le cyclone.

Crézonnet, sergent d'infanterie de marine. A coopéré au sauvetage de dix-sept personnes des décombres, en courant les plus grands dangers ; a été blessé.

Lapeyre, brigadier de gendarmerie. Blessé à l'incendie d'une maison, aux jambes, à l'épaule et aux deux mains ; a coopéré, malgré ses blessures, au sauvetage de onze personnes ensevelies sous les décombres.

Mamet, gendarme à cheval. Blessé au bras par une plaque de zinc, a contribué à retirer trente-trois personnes des décombres.

Bataille, caporal d'infanterie de marine. Blessé à la tête en dégageant ses camarades.

Brin, caporal d'infanterie de marine. Blessé en transportant un de ses camarades à l'ambulance.

Lambert, gendarme à cheval. A eu le pouce gauche

écrasé en coopérant au sauvetage de plusieurs personnes ensevelies sous les décombres.

Millot, gendarme à cheval ; **Simon**, adjudant d'infanterie de marine. Ont contribué à plusieurs sauvetages.

Romilly, soldat de 2ᵉ classe d'infanterie de marine. Blessé au genou, en se portant au secours de ses camarades.

Renaud, brigadier de gendarmerie. A contribué a plusieurs sauvetages.

Bonnelle, maréchal des logis d'artillerie. A secondé très utilement le commandant du camp. A contribué à assurer la sécurité du détachement.

Roussel, sergent-major d'infanterie de marine ; **Epois**, sergent d'infanterie de marine ; **Cohard**, *idem*. **Legoff**, maréchal des logis d'artillerie ; **Valet**, *idem* ; **Chadoutand**, *idem*. Ont contribué à plusieurs sauvetages.

Sénélar, soldat de 2ᵉ classe d'infanterie de marine ; **Paulet**, maréchal des logis de gendarmerie à cheval ; **Muller**, brigadier de gendarmerie à cheval. Ont contribué à plusieurs sauvetages.

Davin, soldat de 2ᵉ classe d'infanterie de marine. Blessé à la jambe en portant secours à ses camarades.

Guichard, *idem*. Entorse du pied en secourant ses camarades.

Fleurion, *idem*. Blessé à la tête en transportant un blessé à l'ambulance.

Château, caporal d'infanterie de marine. Mêmes notes.

Bompierre, *idem*. Blessé au pied en portant secours à ses camarades.

Houx, soldat de 2ᵉ classe d'infanterie de marine. Blessé à la cuisse, en portant secours à ses camarades.

Vial, maréchal des logis de gendarmerie ; Bézert, maréchal des logis chef, *idem* ; Mourant, gendarme à cheval ; Sournet, *idem*, Savariat, *idem* ; Crochet, *idem* ; Maloisel, *idem* ; Suplice, maréchal des logis de gendarmerie ; Nottet, gendarme à cheval ; Févre, *idem* ; Petit, adjudant d'infanterie de marine ; Rignot, sergent-major, *idem* ; Devemy, sergent, *idem* ; Dominici, *idem*. Ont contribué à plusieurs sauvetages.

Guibert, maréchal des logis d'artillerie. A secondé très efficacement l'officier commandant le camp des Pitons pour assurer la sécurité de ses hommes.

Estoup, sergent fourrier d'infanterie de marine ; Trouillot, sergent, *idem*. Ont contribué à plusieurs sauvetages.

Claus, sergent d'infanterie de marine ; Foliard, marin, Etant en traitement à l'hôpital, sont allés demander du secours, en courant de réels dangers.

Humbert, maréchal des logis d'artillerie ; Collombel, sous-chef artificier. Ont contribué à plusieurs sauvetages.

Degiganon, garde stagiaire. A contribué à plusieurs sauvetages.

Clape, maréchal des logis d'artillerie. A, par son sang-froid, évité la mort d'un grand nombre de personnes, en faisant évacuer le bâtiment occupé par les conducteurs

et les élèves de l'école des arts et métiers, quelques ins=
tants avant l'effondrement de ce bâtiment.

Carriou, chef artificier. A contribué à plusieurs sauvetages.

Quéan, 2ᵉ canonnier servant. S'est rendu, sans chaus-
sures, à l'hôpital, pour secourir ses camarades, et a fait
preuve de zèle et de dévouement.

Croharé, caporal d'infanterie de marine. A contribué
à plusieurs sauvetages.

Audebrand, soldat de 2ᵉ classe d'infanterie de marine. A donné des preuves évidentes de courage, en suivant son capitaine au plus fort du danger.

Coissac, soldat de 2ᵉ classe d'infanterie de marine. A
contribué à plusieurs sauvetages.

Fort-de-France, le 31 août 1891.

Moracchini.

COURAGE CIVIQUE

Près de l'armée, il convient de citer l'admirable conduite des maires, dont pas un n'a failli à sa tâche.

Durant la nuit terrible, chacun d'entre eux était à son poste, bravant la fureur des éléments, donnant des ordres, ranimant les courages, exaltant l'intrépidité au courage et s'y prodiguant eux-mêmes.

Par malheur, et ce m'est un regret poignant, si les journaux et les correspondants particuliers m'ont apporté les éléments nécessaires à écrire, avec trop de rapidité et trop peu de loisir, ce poème de mort, les noms des citoyens courageux, honneur de la Martinique et de l'Humanité, qui ont offert leur vie en holocauste pour sauver celle de leurs concitoyens, n'ont pu tous me parvenir.

A peine puis-je citer :

Le docteur Rougon, qui, la nuit du sinistre, prodiguait ses soins aux blessés du Morne-Rouge, et se rendait au plus fort de la tourmente, d'une maison à l'autre, un fanal à la main.

M. Crépinior, pharmacien au Morne-Rouge, qui avait ouvert sa maison à tous ceux qui étaient sans asile ; à l'exemple du docteur Rougon, il s'est prodigué pour porter des soins aux malades et, se souvenant du sacerdoce dont les médecins et les pharmaciens sont les prêtres, a distribué gratuitement les remèdes.

M. Galland, l'agent général de la Compagnie transatlantique.

Le cyclone le rencontra à son poste. Pendant toute la nuit il demeura sur la brèche, donnant des ordres, prévoyant tout, parant tout. Fort contre lui-même, malgré la désolation de ce cataclysme qui lui crevait le cœur.

Le lendemain et les jours suivants, il continua à se

multiplier. Et dans ce surmenage gigantesque du chef consciencieux qui veut tout voir par lui-même, de l'homme qui tient à panser toutes les blessures de sa main, il contracta une fièvre pernicieuse dont il mourut.

Le samedi qui suivit l'ouragan, il fallut l'arracher de son cabinet, dans lequel il prétendait rester, disant qu'un vieux marin comme lui devait mourir sur son banc de quart.

Vingt-quatre heures après, il expirait victime de sa foi au Devoir.

M. Joseph-Albert Galland était frère du général Galland et de l'ingénieur en chef du même nom. Il avait eu une carrière brillante et était depuis sept ans à la tête des services de la Compagnie, à la Martinique. Il faisait beaucoup de bien et la population de Fort-de-France ne se rappelait pas, sans émotion, qu'il avait fait une offrande personnelle de 10,000 fr. aux victimes de l'incendie du 22 juin.

M. l'abbé Anquetil, M. Théogène et M. Huyghes, dont la conduite a été racontée dans le courant du chapitre précédent.

Et aussi les Sœurs dont le dévouement a été cité élogieusement par le journal *Les Colonies*.

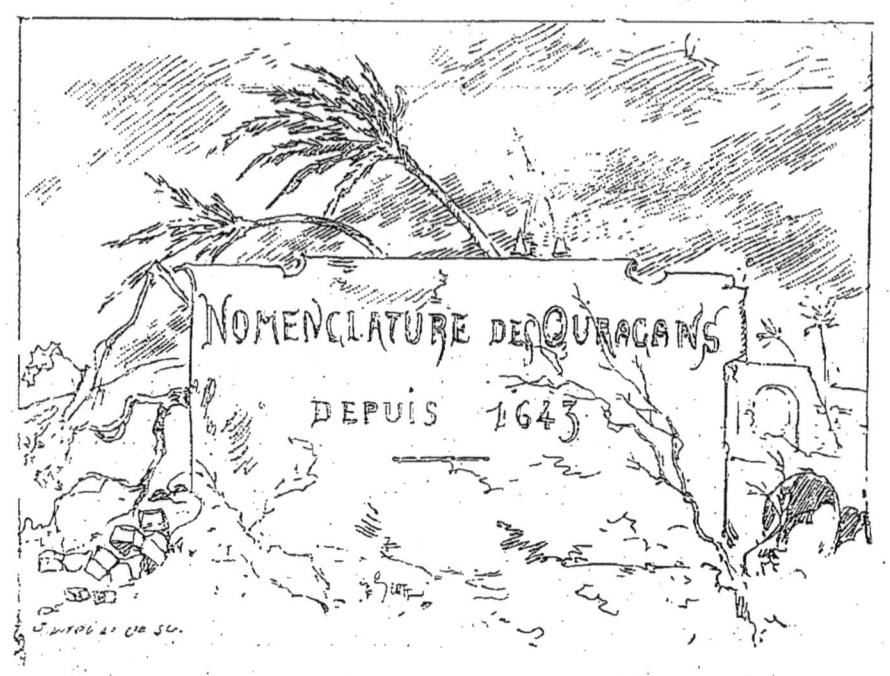

epuis 1643, les premiers désastres qui se sont abattus sur la Martinique n'ont été qu'indiqués par les auteurs, sans détails suffisants, jusqu'au 22 juillet 1702.

Ils citent les ouragans de 1657 ;

De 1668, qui sévit sur la Martinique et Saint-Christophle ;

De 1669, qui dévasta la Martinique et la Guadeloupe.

Du 19 février 1688

Toutes les Antilles sont frappées.

Le 10 avril 1690

Martinique, Antigoa, Saint-Christophe, Serrat, Sainte-Lucie, Barbade. — Un second ouragan eut également lieu dans le courant de l'année.

Ouragan du 22 juillet 1702

Le 22 juillet 1702, il y eut une grosse tempête, sur laquelle le P. Labat ne donne pas d'autres détails que celui-ci :

« J'avais un dogue de race anglaise que j'avais mené avec moi dans presque tous mes voyages à la mer, sans que cet animal eut jamais ressenti la moindre incommodité, ni témoigné la moindre crainte ; mais il fut saisi d'une si vive appréhension dans cette traversée et souffrit d'un si grand bouleversement d'entrailles, qu'après avoir beaucoup vomi, il vint se jeter sur moi, m'embrassa avec ses pattes, et tenait mon habit entre ses dents, qu'il ne fût pas possible de lui faire lâcher que quand la barque fut mouillée. Pour dire la vérité tous ceux qui étaient dans la barque avaient bien autant de peur que mon chien, et je n'étais guère plus rassuré que les autres, quoique je ne craigne pas la mer (1). »

Ouragan du ... septembre 1702

Au mois de septembre (le P. Labat ne donne pas d'autre date) un tremblement de terre se fit sentir d'une manière très violente à la Martinique où il causa beaucoup de dommages. Notre nouvelle maison dont la couverture est en plomb était ouverte en bien des endroits... Elle résista cependant aux secousses, et fut quitte pour sept ou huit fentes peu considérables dans le haut... Bien des maisons tombèrent dans tous les quartiers de l'Isle... On s'en ressentit plus dans les hauteurs qu'au bord de la mer, quoique plusieurs barques et les vaisseaux qui étaient mouillés à la rade, ou qui étaient en mer entre les deux isles crurent qu'ils avaient touché ou que quelques baleines avaient passé sous les quilles... les attelages des cabrouets, c'est-à-dire treize bœufs que l'on avait détélés et attachés avec des liannes... rompirent leurs liens. Aussi par les mêmes ouvertures que le feu s'était fait, une prodigieuse quantité de cendre très fine qui le devint encore davantage par le frottement des parties

(1) P. Labat, LV. p. 432.

dont elle était composée, comme par la violente agitation du vent.

Ouragan des 7 et 27 novembre 1727

Le 7 du mois de novembre dernier (1727), il y eut dans toute cette isle un grand tremblement de terre qui a duré *jusqu'au 27*, et ayant eu chaque jour plusieurs secousses, dont quelques-unes ont duré plus de trois minutes. Le dommage général que ce tremblement a causé à toute l'Isle est estimé dix millions et celui des Jésuites en particulier, va à soixante mille livres au moins. Le bâtiment où l'on fabrique le sucre, qui était leur unique fonds, a été renversé entièrement, et leur maison est presque ruinée : tous les murs d'entrefents sont fendus en plusieurs endroits de haut en bas, tous les planchers détachés des murs, les clefs de toutes les portes baissées de cinq à six pouces, et tout le corps de la Bibliothèque fendu d'un bout à l'autre, non en ligne perpendiculaire, comme il arrive ordinairement en pareil cas, mais horizontalement; par ce détail d'une seule maison, on peut juger du reste. Les ouragans de 1725 et la sécheresse de 1726 avaient fait un tort infini aux habitants de cette isle, dont l'abondance de la récolte de 1727 avait relevé les espérances que cet effroyable tremblement de terre a détruits.(1).

Ouragans des

15 septembre 1751 ⎫
1 octobre   id.   ⎪
18 id.   id.   ⎬ sans détails.
1-2 novembre id.   ⎭

Ouragan du 12 septembre 1755 ou 1756.

La désolation et la mort accompagnent cet ouragan, ses traces sont comme celles du feu, tout disparait sur son passage et ce changement est aussi prompt qu'il est terrible. La campagne offre dans cette île (Martinique) des maisons peu éloignées les unes des autres, formant chacune autant de petites bourgades, à cause de la quantité de bâtiments nécessaires sur chaque habitation; elles sont détruites tout à coup, il n'en reste d'autres vestiges que leurs débris répandus de toutes parts. Des arbres, peut-être aussi anciens que nos établissements dans nos colonies, dont la grosseur énorme avait bravé jusqu'alors tous les efforts des éléments, sont déracinés,

---

(1) *Journal historique*, t. XXIII, p. 227-1728.

enlevés de terre, et renversés tout entiers ; ceux qui résistent sont brisés comme de fragiles roseaux ; les plantations de toute espèce détruites et bouleversées, l'herbe même foulée et desséchée, comme si elle eut été brûlée; l'œil aperçoit de tous côtés des crevasses et des cavernes creusées sur le penchant des coteaux par l'éboulement des terres, qu'entraînent la chute des arbres et les torrents de pluie. Qui ne frémirait pas en voyant des lieux toujours ornés de verdure, et n'offrant plus que des forêts semblables aux mâtures d'un vaisseau, les horreurs de l'hiver succédant tout à coup aux charmes du printemps ! La terre est ébranlée et semble trembler sous les pieds; le jour est presqu'éclipsé par une obscurité qui voile tout le ciel et qui présente partout l'image effrayante de la nuit; les animaux effarés cherchent de tous côtés quelqu'asile et sont suffoqués par l'impétuosité de l'air. La terreur et la consternation règnent partout ; la nature épouvantée semble toucher à son dernier terme; elle se tait, tout garde un silence d'effroi, le vent seul se fait entendre avec un bruit semblable au tonnerre. La mer offre en même temps le triste spectacle de tous les ravages d'une tempête ; le rivage et les eaux sont couverts des débris des naufrages ; les bâtiments fracassés et battus par la lame flottent de toutes parts, confondus avec les membres et les corps défigurés des malheureux qui en ont été les victimes.

L'AUTEUR EN ÉPROUVE UN CHEZ LUI. — Tel fut l'ouragan qui désola en 1756 une partie de la Martinique. C'est ainsi que fut traitée mon habitation où le plus grand nombre de mes observations ont été faites. La paroisse de la Rivière-Pilote, où elle est située, fut une de celles qui en souffrit le plus (1).

Ouragan du 13 août 1766

La nuit du 13 au 14, vers les dix heures du soir, un vent furieux, accompagné d'éclairs, de tonnerre et de tremblements de terre, a, en moins de quatre heures, renversé les maisons, les bâtiments, les sucreries, les manufactures, les églises et les cafés de toute la campagne, déraciné tous les arbres, arraché toutes les plantations et détruit généralement tous les vivres. Un grand nombre d'hommes, de femmes et d'enfants, tant blancs que noirs, ont été écrasés sous les ruines des bâtiments. Tous les vaisseaux, bateaux, goëlettes et canots, qui se trouvaient ou naviguaient autour de l'île, ont été jetés à la côte

(1) Thibault de Chanvallon, correspondant de l'Académie.

où ils se sont brisés et plusieurs ont péri corps et biens. Dans le port même du Fort-Royal, où les navires appartenant au commerce de France sont obligés de passer l'hivernage, vingt-cinq de ces navires ont été jetés à la côte. Heureusement, ils ont échoué sur la vase et ont été secourus avec tant de promptitude qu'à l'exception de deux ou trois qui étaient encore en danger, tous ces navires ont été remis à flot. De mémoire d'homme, on n'avait vu d'ouragan aussi furieux : tous les bâtiments qui ont résisté ont été découverts et l'on n'a point de tuiles pour les recouvrir; les herbes mêmes qui peuvent servir à cet usage n'offrent aucune ressource, ayant toutes été arrachées par l'ouragan et entraînées ensuite à la mer par des torrents formés des pluies qui sont tombées avec la plus grande violence immédiatement après la tempête; on évalue à cinq cents le nombre de ceux qui ont été noyés ou écrasés. La partie nord de l'île, depuis le Fort-Royal jusqu'au Robert inclusivement, est celle qui a le plus souffert.

Dans le seul bourg de la Trinité, trente-neuf maisons ont été abattues et entièrement détruites. L'autre côté de l'île, quoique très endommagé, l'est moins dans ses bâtiments, mais la perte des vivres et des plantations est générale. Le comte d'Ennery, gouver-

Navire passant dans la zône maniable de l'ouragan

neur général, qui venait d'achever une tournée dans l'île, l'a recommencée aussitôt, quoique malade, pour connaître le dommage et y porter tous les remèdes possibles, ranimer le courage des habitants et distribuer des secours aux plus malheureux. La dévastation de toute la campagne exigeant des précautions contre les horreurs de la famine, les chefs de la colonie ont cru devoir permettre, pour le moment, l'entrée de la farine et du biscuit de l'étranger... (1).

D'autres lettres de la Martinique annoncèrent que la terre n'était pas bien raffermie et que le 12 décembre dernier, vers cinq heures du matin, on y ressentit encore une légère secousse de tremblement de terre qui ne dura pas plus de 3 secondes (2).

Ouragan du 12 décembre 1766

Quelque grand que soit le mal, ses chefs n'ont point désespéré de la colonie, et ils se flattent qu'avec la protection du gouvernement et leurs soins, elle pourra en peu d'années relever les ruines et reprendre son premier état de culture.

(1) *Gazette de France* du 17 novembre 1733.
(2) *Gazette de France* du 19 juin 1767.

On est informé, par les papiers publics de la Guadeloupe, que le comte de Nolivos, gouverneur de l'ile, et M. d'Hesmivy de Moissac, intendant, ont rendu une ordonnance, par laquelle il est permis, moyennant quelques clauses et restrictions, à tous les habitants, négociants, armateurs, capitaines et maîtres de bâtiments de mer, tant de la Guadeloupe que de la Martinique, d'exporter de la Guadeloupe à la Martinique toutes sortes de denrées et provisions de bouche d'Europe, ainsi que du bois et autres matériaux, propres à bâtir et des plants de magnoc.

Parmi les détails qui sont rapportés par la *Gazette de la Martinique*, sur le désastre que cette ile vient d'éprouver, on trouve un fait qui mérite d'être recueilli. Le capitaine Rose, bordelais, qui avait à la rade un navire chargé de farine, dans le temps de ce funeste événement, touché de l'état déplorable où la colonie se trouvait réduite et ne voulant pas profiter de ces affreuses circonstances, vendit aux habitants la farine, le lendemain de l'ouragan, au même prix qu'elle s'était vendue la veille; il en distribua même aux plus malheureux une grande partie, dont il remit le paiement au premier voyage qu'il ferait dans l'ile. Comme son navire avait échoué sur le sable, des habitants, touchés de sa générosité, se réunirent en grand nombre pour relever le bâtiment et le remirent à flot (1).

Ouragan du 26 avril 1767

Le 24 avril dernier, à six heures et demie du matin, la secousse qui avait sa direction de l'est à l'ouest, a duré deux minutes sans interruption et a été précédée d'un bruit souterrain; mais elle n'a causé nulle part aucun dommage considérable. Au quartier de la Trinité, vers les huit heures et demie du matin, la mer s'est retirée de plus de trois ou quatre pieds au-dessous du niveau, et a remonté ensuite à trois pieds au-dessus, trois fois consécutives dans l'intervalle de trente minutes. Au quartier des Français, l'eau du canal qui communique à la mer a monté, avec une rapidité prodigieuse, de plus de quatre pieds au-dessus de son élévation ordinaire. On a trouvé sur le rivage de la mer et du canal une grande quantité de poissons de toute espèce, presque sans mouvement... On a été obligé d'accorder aux habitants l'exemption en entier de la capitation sur la tête des noirs pour l'année 1767 (2).

(1) *Journal historique*, décembre 1766, p. 477 et 478, t. C.
(2) *Gazette de France*.

Ouragan du .... février 1771

Des lettres de la Martinique, du 20 février dernier, portent qu'on a ressenti dans cette ile une secousse de tremblement de terre, qui a causé quelques dommages au Fort-Saint-Pierre, au Fort-Royal et dans quelques habitations (1).

Ouragan du 7 février 1774

Six heures trente du soir (2).

Ouragan du 6 au 7 mars 1788

Une brume de cendre tomba à la Martinique. Nul ne peut expliquer le phénomène.

Le P. Laval, professeur de mathématiques à Toulon, se trouvait à bord du *Saint-Jean-Baptiste*, de Marseille, par 14° 29' lat. N et 310° long. 1 1/4 de nuit, lorsque tout à coup, ce navire se trouva dans une brume fort épaisse de manière qu'on ne voyait pas loin deux fois la longueur du navire. Cette brume dura jusqu'à deux heures de l'après-midi du septième mars, elle n'était point

---

(1) *Gazette de France*, 6 mai 1771.
(2) *Gazette de France*, 10 juin 1774.

HABITATION TIVOLI APPARTENANT A M. HURARD
(Avant le cyclone).

HABITATION TIVOLI.
(Après le cyclone).

composée d'un brouillard humide comme les brumes ordinaires de la mer ; mais c'était une poussière très fine de couleur de cendres. J'en ai joint à ce mémoire que j'ai l'honneur d'envoyer à Votre Altesse Sérénissime. Il en tomba sur le Pont de la hauteur de trois travers de doigt ; les vergues et les manœuvres en furent couvertes de même qu'elles sont couvertes de sel après une grande tempête...

Lorsque le navire fut arrivé à la Martinique les gens de l'équipage ayant raconté ce qui leur était arrivé, on leur dit que ce jour-là ils avaient eu un ouragan... des gens de l'ile Saint-Vincent déclaraient avoir ressenti un tremblement de terre. Le vent avait donc poussé les cendres à 390 milles.

Le navire vit trois grands éclairs qui s'élevèrent bien au-dessus de l'horizon de la mer à l'Ouest du navire ; il entendit aussi trois tonnerres fort loin.

Il paraît donc clair : 1° que ces éclairs sont les mêmes feux souterrains qui causèrent le tremblement de terre et qui sortirent par les fentes qu'ils firent à la terre ; 2° il paraît aussi évident que le vent violent causé par l'extrême raréfaction de l'air qui était enfermé dans les vastes grottes souterraines qui sont sous ces îles, remplis de matières sulfureuses et nitreuses, en fit sortir. Les animaux s'assemblèrent en meuglant et montraient une frayeur extrême, dont il ne fut pas facile de les faire revenir... (1)

Ouragan du 21 mai 1818

On écrit des Antilles que, dans plusieurs des îles de cet archipel, il y a eu huit tremblements de terre depuis le mois de décembre jusqu'à celui de mai.

On a remarqué que l'un de ces phénomènes a eu lieu chaque mois et que sept de ces tremblements de terre se sont fait sentir le soir entre neuf et onze heures. C'est seulement au mois d'avril qu'il y en a eu deux; alors l'une des secousses a été éprouvée pendant que le soleil était sur l'horizon.

Le dernier tremblement de terre qui a eu lieu à la Martinique a pour époque le 21 mai, à neuf heures et demie du soir.

Ces événements physiques n'ont été accompagnés d'aucune espèce d'accidents, et les oscillations du sol ont été lentes et sans secousses, comme elles le sont toujours, mais la périodicité qu'elles ont affectée est digne de remarque, et peut-être son observation pourra-t-elle se lier avec elle de phénomènes

---

(1) Lettre du P. Laval, à Monseigneur le comte de Toulouse, amiral de France. *Journal de Trévoux*, p. 1555.

correspondants advenus dans les contrées continentales de l'Amérique (1).

Ouragan du 16 octobre 1819

16 octobre, à une heure après midi, Martinique. — La durée des secousses plus remarquable que leur force; aucun incident (2).

Ouragan du 29 janvier 1820

29 janvier, à trois heures après-midi, Martinique. — Deux secousses de peu de durée (3).

Ouragan du 5 mars 1821

Le 5 mars, trois heures du matin, Martinique. — Rien de bien remarquable dans les secousses.

---

(1) Communication d'une lettre écrite par M. Moreau de Jonnès, séance du lundi 3 avril, Académie des Sciences. — *Annales de Chimie et de Physique*, t. VIII. p. 415-416, année 1818.
(2) *Annales de Chimie et de Physique*, année 1819, v. XII, p. 428.
(3) *Annales de Chimie et de Physique*, année 1820, v. XV, p. 422.

Ouragan du 8 juin 1821

Le 8 juin, à cinq heures du matin, Martinique. — Le tremblement de terre du 8 juin s'est fait sentir à la suite d'une de ces fortes bourrasques qu'on appelle des grains (1).

Ouragan du 1ᵉʳ août 1822

Le 1ᵉʳ août, à huit heures du soir, Martinique. — Une secousse peu remarquable (2).

Ouragan du 28 avril 1823

Le 28 avril, à cinq heures quarante-cinq du matin, Martinique. — Une seule secousse (3).

Ouragan du 3 octobre 1823

Le 3 octobre 1823, à une heure du matin, la Martinique ressentit deux fortes secousses (4).

---

(1) *Archives des découvertes*, 1822, p. 190.
(2) *Annales de Chimie et de Physique*, t. XXI, p. 395, 1822.
(3) *Annales de Chimie et de Physique*, t. XXIV, p. 450, année 1823.
(4) *Annales de Chimie et de Physique*, t. XXX, p. 412 année 1825.

Ouragan du 11 novembre 1823

Le 11 novembre 1823, à cinq heures quarante-cinq du matin, Antilles. — Deux secousses fortes et remarquablement longues. Aucun accident notable (1).

Dans la séance du lundi 23 février 1824, M. Moreau de Jonnès annonce qu'on a ressenti des tremblements de terre aux Antilles le 11 novembre et le 13 décembre.

Ouragan du 30 novembre 1823

A 3 heures 30 minutes après-midi, à la Martinique, forte ondulation, précédée d'un bruit très intense (2). Il avait fait dans la journée une chaleur étouffante. Un raz-de-marée eut lieu après la secousse et occasionna quelques accidents dans les ports. Une pluie très abondante suivit aussi ce phénomène et dura pendant dix jours (3).

---

(1) *Annales de Chimie et de Physique*, t. XXXII, p. 377, année 1824.
(2) *Annales de Chimie et de Physique*, t. XXV, p. 432, année 1824.
(3) *Annales de Chimie et de Physique*. t. 30, p. 412, année 1825.

Ouragan du 13 janvier 1825

Le dernier tremblement de terre qui s'est fait ressentir aux Antilles et à la Côte-Ferme a donné lieu à une remarque importante. Le navire le *Martiniquais*, de Nantes, se trouvait le jour de la secousse à cent lieues dans l'ouest de la Martinique, vers des parages où les cartes réduites indiquent des hauts fonds. Les officiers et les passagers allaient se mettre à table lorsqu'ils éprouvèrent un choc violent ; croyant que le navire venait de toucher, tout le monde se rend sur le pont ; on arrête la marche du navire, mais bientôt il reprend son aire. A la Pointe-à-Pitre, sur la rade de Saint-Pierre et sur celle de Fort-Royal, plusieurs bâtiments ont éprouvé le même choc. On assure même qu'à la suite il s'est formé à la surface de la mer une lame semblable à ces vagues sourdes que l'on remarque dans les raz-de-marée (1).

Ouragans des 3 octobre et 30 novembre 1825

Antilles. — Tremblement de terre. Il ne s'était point fait sentir de tremblement de terre aux An-

---

(1) *Moniteur universel*, mardi 26 février 1828.

tilles, depuis ceux du 11 novembre 1823 et du 13 décembre 1823. L'hivernage, qui est la saison ordinaire de ces phénomènes, s'est écoulé, en 1824, sans qu'aucun ait eu lieu ; mais on vient très récemment d'en éprouver deux. Le premier dans la nuit du 3 octobre, à 1 heure du matin, et le second le 30 novembre, à 3 heures 30 minutes après-midi.

Celui du mois d'octobre a ébranlé le sol de la Martinique assez violemment pour arracher du sommeil la population ; cependant, il ne s'est formé que de deux secousses seulement. Le dernier, qui a été très fort, a été précédé par une chaleur de plusieurs jours, fort extraordinaire pour la saison. Il a été accompagné d'un bruit plus grand et plus distinct qu'il n'arrive communément. Plusieurs observateurs affirment que ce bruit s'est propagé d'abord dans la région moyenne de l'atmosphère, et n'a pas semblé sortir du sol ébranlé. La température s'est refroidie immédiatement ; il y a eu un raz-de-marée à Saint-Pierre où plusieurs navires ont été jetés à la côte ; une pluie diluviale, avec du tonnerre, a commencé et durait encore dix jours après le tremblement de terre (1).

(1) *Revue Encyclopédique*, février 1825, p. 542.

Ouragan du 7 janvier 1826

Le 7 janvier, à 7 heures du matin, à la Martinique, deux secousses, l'une faible, l'autre violente ; celle-ci a jeté l'alarme parmi les habitants, mais elle n'a produit aucun dégât (2).

Ouragan du 1er au 2 mai 1826

Tremblement de terre. Froids extraordinaires. A minuit 35 minutes un tremblement de terre s'est fait sentir, dans cette ile, dans la nuit du 1er au 2 mai dernier. Il n'y a eu qu'une seule secousse, dont la durée a été d'une longueur remarquable, et dont la force a été assez grande pour réveiller toute la population des villes.

Des vents du nord, très violents, qui ont commencé à souffler en janvier, et dont la domination a duré, sans interruption, plus de deux mois et demi, ont tellement abaissé la température ordinaire des Antilles, que l'hiver y a été beaucoup plus rigoureux que depuis un grand nombre d'années. Il en est résulté une affection épidémique inflammatoire, et d'un type étranger aux maladies de la zone torride.

(2) *Annales de Chimie et de Physique*, t. XXXIII, p. 409, année 1826.

ANSE-MADAME. — FORT-DE-FRANCE

Quoiqu'on lui ait attribué la mort d'une assez grande quantité d'individus, il paraît que la saignée et les sangsues l'ont combattue efficacement, et en ont fait disparaître les symptômes, notamment la fièvre, la céphalalgie et le point de côté. Mais il reste constamment, après la maladie, une singulière faiblesse et une funeste disposition à une rechute plus grave encore (1).

Ouragan du 12 août 1826

Une lettre reçue de Saint-Pierre-Martinique par le navire le *Port-Louis*, arrivé avant-hier au Hâvre, contient en post-scriptum la nouvelle suivante :

Du 12 août. Nous avons ressenti ce matin, à 5 heures précises, un violent tremblement de terre, en deux secousses consécutives. Les personnes les plus âgées de la colonie n'ont point connaissance d'en avoir jamais éprouvé de si fort. Cependant, jusqu'à présent, on ne s'est point aperçu qu'il ait produit le moindre dégât. Il faut espérer que l'on en sera quitte pour la frayeur qu'il a causée, à un moment sur-

---

(1) *Revue Encyclopédique*, juillet 1826, p. 236 et *Annales de Chimie et de Physique*, t. XXXIII, p. 410, année 1826.

tout où presque tout le monde est encore au lit (1).

Ouragan du 3 juin 1827

Antilles, Phénomènes météorologiques. — Un tremblement de terre s'est fait sentir à la Martinique le 3 juin dernier, à deux heures du matin : il n'en est point résulté d'accident. Une sécheresse désastreuse, qui durait depuis plusieurs mois, a cessé à l'époque de ce phénomène, et des pluies abondantes ont commencé à tomber, mais les récoltes étaient déjà presque entièrement perdues. Depuis un temps immémorial, il n'y avait point eu d'exemple, aux Antilles, d'une période de soixante jours sans aucune pluie. La quantité d'eau qui tombe ordinairement dans les îles de cet archipel pendant les mois d'avril et de mai, excède celle que reçoivent les campagnes de la France pendant l'année entière.

L'opinion qui fait dépendre de l'état de l'atmosphère la naissance de la fièvre jaune et qui admet que la chaleur et l'humidité sont les conditions d'existence de cette maladie, a trouvé une nouvelle réfutation dans ces circonstances extraordinaires. En considérant que, sous l'influence d'une température

(1) *Moniteur universel*, 5 octobre 1826 ; *Débats, Constitutionnel*.

semblable à celle de l'Amérique équatoriale, les contrées de l'Inde n'éprouvent point ce fléau, on avait cru découvrir son origine dans l'extrême humidité des contrées du Nouveau-Monde qu'il ravage si fréquemment. Cependant et quoique la sécheresse ait été si grande aux Antilles qu'elle a fait périr les cannes à sucre et fait disparaître les eaux de la plupart des rivières, ces îles n'ont point été préservées d'une irruption meurtrière de la fièvre jaune, qui s'est étendue progressivement du littoral du Mexique jusqu'à Cuba. Ainsi, l'on ne peut se confier, sans une erreur dangereuse, à la sécurité qu'inspire la sécheresse des saisons, des lieux ou du climat, quand on est menacé par l'introduction ou les progrès de cette formidable maladie (1).

Ouragan du 29 novembre 1827.

Le 29 novembre, dans la nuit, Martinique. — Violente secousse dirigée de l'est à l'ouest; durée : près d'une minute. C'est la plus forte qu'on ait éprouvée dans l'île, de mémoire d'homme (2).

1. *Revue Encyclopédique*, p. 211 et 212, vol. XXXVI, année 1827.
2. *Annales de Chimie et de Physique*, vol. XXXIX, année 1828, p. 408.

Ouragan du 30 novembre 1827.

30 novembre, trois heures du matin. Pointe-à-Pitre (Guadeloupe). — Violent tremblement de terre. A Marie-Galante, il a été précédé d'une bourrasque assez forte (1).

Ouragan du 8 décembre 1827.

Le bruit s'était répandu que des nouvelles arrivées à Gibraltar, le 10 avril, annonçaient que la Basse-Terre (Guadeloupe) a été engloutie par un tremblement de terre. Nous ferons observer qu'on a reçu au Hâvre, par le *Grand-Thomas*, qui a quitté la Guadeloupe le 11 mars, des lettres qui ne mentionnent aucunement cette catastrophe, et il est difficile de croire qu'on en ait reçu de plus récentes à Gibraltar (2).

Le dernier tremblement de terre qui s'est fait ressentir aux Antilles et à la Côte-Ferme a donné lieu à une remarque importante. Le navire le *Martiniquais*, de Nantes, se trouvait, le jour de la secousse, à cent lieues dans l'ouest de la Martinique vers des

---

(1) *Annales de Chimie et de Physique*, p. 398, vol. XXXVI, année 1827.
(2) *Débats*, 1ᵉʳ mai 1828.

parages où les cartes réduites indiquent des hauts fonds. Les officiers et les passagers allaient se mettre à table lorsqu'ils éprouvèrent un choc violent; croyant que le navire venait de toucher, tout le monde se rend sur le pont ; on arrête la marche du navire, mais bientôt il reprend son aire. A la Pointe-à-Pître, sur la rade de Saint-Pierre et sur celle de Fort-Royal plusieurs bâtiments ont éprouvé le même choc. On assure même qu'à la suite il s'est formé à la surface de la mer une lame semblable à ces vagues sourdes que l'on remarque dans les raz-de-marée (1).

. . . .

Les tremblements de terre qui se sont succédés pendant le dernier hivernage, aux Antilles, se sont fait sentir à la Côte-Ferme aux mêmes instants, et y ont eu la même durée. Plusieurs faits simultanés de ce genre confirment de plus en plus l'opinion des savants qui considèrent les îles de cet archipel comme les sommités d'une terre qui appartenait au continent, dont les mers ou des commotions volcaniques l'ont séparée. La durée de la dernière secousse a été de 30 à 35 secondes et le mouvement s'est communiqué du sud au nord. On remarque que

(1) *Moniteur universel*, 26 février 1828.

c'est toujours dans cette direction, qui est celle de la chaîne des Iles du Vent et des plus hautes montagnes du continent d'Amérique que les commotions ont eu lieu. Ces événements qui, aux Antilles, n'ont eu aucun effet funeste, mais qui se sont répétées avec une rapidité dont il n'y avait pas eu d'exemple, ont laissé une impression profonde que le souvenir des malheurs de Bogota et de Caracas contribuera longtemps à entretenir (1).

Ouragans de l'année 1827 aux Antilles.

M. Moreau de Jonnès a communiqué à l'Académie la notice des tremblements de terre qui ont eu lieu aux Antilles en 1827. Il en a donné la date précise, qui peut jeter quelque lumière sur la direction des communications souterraines et sur la rapidité de leur propagation.

Le premier de ces tremblements de terre s'est fait sentir à la Martinique le 3 juin, à 2 heures du matin.

Le second, le 24 juillet, à 5 heures 45 minutes après-midi ; ces deux secousses ont été très fortes.

---

(1) *Moniteur universel,* mardi 12 février 1827.

Le troisième, le dimanche 5 août, à 10 heures 30 du matin.

Le quatrième, le 25 septembre, à 5 heures 30 du matin.

Le cinquième, le 27 du même mois, à 4 heures 30 du matin.

Le sixième, le 2 octobre, à 4 heures après-midi.

Le septième, le 30 novembre, à 2 heures 45 du matin.

Le huitième, le 1er décembre, à 10 heures du matin.

Le neuvième, le même jour, à 5 heures 15 après-midi.

Enfin le dixième, le 8 décembre, à 5 heures 20 du matin.

La plupart de ces tremblements de terre n'ont été que des mouvements ondulatoires et lents, dont il n'est résulté aucun inconvénient fâcheux ; mais celui du 30 novembre, avant le jour, a été singulièrement violent et prolongé. La moindre estimation de sa durée la porte à 50 secondes, et l'on assure qu'on n'en a point éprouvé d'aussi fort et d'aussi long depuis près d'un siècle. Il n'a fait cependant que d'ébranler et lézarder quelques édifices, et les accidents qui ont eu lieu doivent être attribués seulement à l'effroi qu'il a causé et qui a fait abandonner les maisons avec trop de précipitation. Des lettres de la Guadeloupe ont fait connaître que ce tremblement de terre s'est étendu à la Grande-Terre, l'une des deux îles de cette colonie, située à environ 40 lieues au nord-ouest de la Martinique ; il s'y est fait sentir avec une violence non moins grande, mais quelques minutes plus tard qu'au Fort-Royal. La Martinique est de formation volcanique, tandis que la Grande-Terre de la Guadedeloupe est de formation calcaire.

L'opinion commune aux Antilles, que ces commotions du sol sont des phénomènes liés par leurs causes à l'état de l'atmosphère, s'est appuyé de nouveaux indices. On a remarqué que la pluie a commencé à tomber immédiatement après que la terre a tremblé ; et l'on a si constamment observé cette coïncidence singulière, que plusieurs personnes inclinent à ne point l'attribuer au hasard (1).

Ouragan du 6 mars 1828.

Le 6 mars, à 6 heures 30 minutes du matin. Antilles, — Secousse lente, dirigée de l'est à l'ouest (2).

---

(1) *Histoire des sciences naturelles*, t. V, p. 15.
(2) *Annales de Chimie et de Physique*, p. 410, vol. XXXIX, année 1828.

Ouragan du 29 mars 1828.

Le 29 mars, à 4 heures 30 minutes. Antilles. — Secousse lente dirigée de l'est à l'ouest (1).

Ouragans qui ont lieu en 1828 aux Antilles.

M. Moreau de Jonnès a continué de communiquer à l'Académie la notice des phénomènes géologiques et météorologiques observés aux Antilles, et a donné la date précise des tremblements de terre qui ont eu lieu, en 1828, dans cet archipel. On en a ressenti deux pendant le mois de mars, l'un le 6, à 2 heures 30 du matin; l'autre le 29, à 4 heures 30 du matin. Ils n'ont consisté chacun qu'en une seule secousse lente et prolongée; mais c'était pour la douzième fois, dans l'espace de huit mois, que ces phénomènes se renouvelaient.

Il y avait ceci de remarquable dans le tremblement du 29 mars, qu'il coincide d'époque avec celui qui est arrivé au Pérou, vingt-trois heures plus tard, le 30 mars, à 7 heures 32 du matin. Des lettres de Lima ont fait connaitre les désastres causés dans cette ville

---

(1) *Annales de Chimie et de Physique*, p. 410, vol. XXXIX, année 1828.

par la commotion longue et violente du sol, au moment qu'on vient d'indiquer. Les principaux édifices ont été renversés et une partie des habitants écrasés sous les débris de leurs maisons. Suivant plusieurs récits, la secousse a duré 35 secondes, et selon d'autres, jusqu'à 45. Le lendemain, 31 mars, à minuit 49, on a éprouvé un second tremblement de terre. On croyait au Pérou, de même qu'à la Martinique, lors de ces événements, que les commotions avaient eu lieu de l'est à l'ouest. En effet, les Antilles les ont éprouvées plus tôt, et il semble s'être écoulé un jour presque entier avant qu'elles aient pu se propager à travers la mer Atlantique et le massif du continent américain jusqu'au delà de la grande chaîne des Cordillières (1).

Tremblements de terre des 21 mars 1830 et 19 juin 1830.

A la Martinique, on a ressenti des secousses le 21 mars 1830, à 2 heures 30 après midi, et le 19 juin, à 9 heures 30 du soir (2).

---

(1) *Histoire des sciences naturelles*, vol. V, p. 30 et 31.
(2) *Histoire des sciences naturelles*, t. V, p. 93.

Ouragan du 22 janvier 1834.

Tremblement de terre aux Antilles. Un tremblement de terre s'est fait sentir aux Antilles dans la soirée du 22 janvier 1834. Il a été ressenti à la Martinique à 7 heures 45 minutes. La veille, dans la nuit du 21 au 22, la ville de Paste, dans le haut Pérou, avait été détruite de fond en comble par une série de tremblements de terre violents. Aux Antilles, ce phénomène a été limité à une secousse produisant un mouvement ondulatoire du sol (1).

Ouragan du 26 juillet 1837.

Saint-Pierre, le 27 juillet 1837.

« Les premiers jours de l'hivernage ont déjà fait époque dans notre île. Les quelques lignes que nous allons tracer sur un événement déplorable qui tient encore en haleine toute la population de Saint-Pierre, viendront peut-être ajouter aux réflexions sérieuses, naturelles et utiles qu'on a faites, sans doute, à cette heure, des hommes éclairés et prévoyants. Nous pensons avec ces derniers qu'il serait urgent et humain à la fois que, par une ordonnance émanant de

---

(1) *Archives des découvertes*, 1834, p. 197.

l'autorité compétente, on prescrivit l'ordre aux propriétaires et consignataires de navires de ne point hiverner sur la rade de Saint-Pierre, sans considération aucune pour les polices d'assurance qui, en définitive, ne mettent à l'abri que des ballots et des pièces de bois. Les malheureuses familles des équipages français et étrangers perdus jusqu'ici sur nos côtes n'ont pas eu affaire encore, que nous sachions, aux Compagnies de Paris et de Londres, embrigadées pour prêter secours à ceux qui n'en réclament pas. Nous réunissons donc nos vœux à celui du public, afin qu'une pareille mesure soit prise tôt ou tard par l'administration de la colonie.

« Hier, vers dix heures du soir, le navire le *Blayars*, de Bordeaux, capitaine Leport, poussé violemment sur la côte par un vent de S.-O., après avoir brisé sa chaine et ses amarres, est venu s'échouer en lambeaux près la place Berlin. Sur treize hommes composant dans ce moment son équipage, six sont parvenus à se sauver miraculeusement, aidés par le dévouement de quelques gens de cœur. Le reste de cette malheureuse famille a été emportée par les flots et fracassée par les débris éparpillés du bâtiment. Les victimes de cet horrible sinistre, sont : le second capitaine, M. Léon ; le lieutenant, M. Geoffroy ; le maitre d'équipage, le charpentier, le cuisinier et un jeune mousse.

« A l'heure où nous écrivons la violence de la mer quoique fortement diminuée; n'a pu permettre le déblaiement des morceaux du navire qui jonchent le rivage. Cependant le hasard a fait découvrir, vers la pointe de la rivière Blanche, le cadavre d'un de ces infortunés, drossé par les courants et déposé là par la vague : il a été de suite transporté à l'hôpital. Malgré les sanglantes meurtrissures des flots et des bois brisés que présentait son visage, on a cru reconnaître en lui le charpentier.

« Le raz-de-marée qui a eu lieu s'est annoncé, dès le matin, par un vent du nord, qui a soufflé sans beaucoup d'intensité jusqu'à six heures du soir environ. Les rafales étaient brusques, mais se succédaient avec peu de rapidité. C'est vers l'heure seulement que nous venons d'indiquer que l'approche de l'événement qui devait avoir lieu a pris un caractère alarmant. A dix heures tout espoir était en quelque sorte perdu, le vent ayant passé dans la partie du sud-ouest. Le *Blayar*, qui, dans vingt minutes, a chassé, dérapé et s'est brisé devant un nombre considérable d'habitants accourus de toute part, est la seule victime de ce sinistre.

« Nous avions sur la rade le *Jeune Ernest*, capitaine Chrétin; le *Pompée*, capitaine Fourcade; l'*Artidore*, capitaine Laine; le *Bélisaire* du Hâvre, capitaine Quertier. Ces navires ont eu seulement le bonheur de conserver leurs chaînes n'ayant pas à lutter peut-être, à l'exemple du premier, avec un chargement de 400 tonneaux (1).

« Ce sinistre fut si violent qu'il s'étendit jusqu'aux Barbades. Ce qui implique une violence étonnante, un parcours excessif et une intensité que l'on n'a retrouvés que dans le cyclone de 1891. »

Une seconde lettre de Saint-Pierre, émanant des mêmes sources, donne des détails aussi pénibles sur les ravages qui affligèrent la possession britannique.

« Saint-Pierre, 1er août 1837.

« Deux calamités publiques viennent d'affliger la colonie anglaise de la Barbade. A peine les habitants avaient-ils eu le temps de se remettre des effets terribles d'un incendie qui eut dévoré la ville entière sans le dévouement honorable de la garnison et l'excellent esprit public de toutes les classes, qu'un raz-de-marée épouvantable est venu s'ajouter à leur

(1) *Journal des Débats*, n° du vendredi 15 septembre 1837.

VUE PRISE DU PONT GUEYDON. — Fort-de-France.

consternation. De vingt-huit bâtiments qui se trouvaient à l'ancre dans Carlisle-Bay, vingt-deux ont été jetés à la côte, et la plupart brisés en peu d'instants par des lames d'une hauteur et d'une force comme on en a peu vu de mémoire d'homme. Parmi les bâtiments naufragés se trouve une goëlette française, la *Jeune-Camille*, capitaine Gaillard, de la Guadeloupe; un mailboat arrivé de la veille avec des passagers qui ont eu le bonheur d'être sauvés, et un bâtiment à vapeur que l'on a espoir de relever (1).

Tremblement de terre du 11 janvier 1839

Le Fort-Royal n'existe plus!

La campagne a beaucoup souffert aussi; mais personne n'y a péri. Le bourg de la Case-Pilote a été traité aussi mal que le Fort-Royal; plusieurs personnes y ont été grièvement blessées; entre autres Mme Lepelletier Saint-Remy, dont l'état est très alarmant. Le Robert, le François, la Rivière-Salée ont été rudement secoués. A la Trinité, quelques maisons ont été renversées; toutes sont lézardées. Le Marigot, Sainte-Marie, la Grand'-Anse ont éprouvé de grands ravages. Les églises, dont les murs sont par

(1) *Débats.*

tout lézardés, se sont écroulées en partie dans plusieurs provinces.

Les quartiers du sud ont été comparativement moins maltraités. Cependant il est peu d'habitations dans l'île qui n'aient éprouvé des dommages considérables dans leurs constructions. Sur plusieurs propriétés, au Robert et au François, tous les bâtiments ont été totalement détruits. C'est une ruine complète !...

Les nouvelles que nous recevons de Sainte-Lucie, de la Dominique et de la Guadeloupe sont tout à fait rassurantes. On y a ressenti le tremblement de terre, mais d'une manière moins forte qu'ici, et il y a fait peu de mal.

La mer, qui était très forte quelques jours avant le tremblement de terre, s'est enfin calmée, et une forte brise du nord-est règne depuis lors.

Baie de Fort-Royal, à bord de la corvette la *Recherche*.

Il était six heures du matin lorsque le navire fut ébranlé dans toutes ses parties par la secousse, qui a duré près de quarante secondes. Les mâts de perroquet fouettaient comme des bambous. Quelques secondes après, je vis s'élever sur le rivage une espèce de vapeur que je pris pour l'écume de la mer, poussée hors de ses limites; mais c'était une illusion, car cette vapeur s'échappait par les crevasses du terrain. Alors l'écroulement des maisons commença. Celles qui bordent le rivage s'abattirent en formant des flots de poussière, comme une lame qui se recourbe en déferlant. Un épais nuage de plâtre fit disparaître la terre à mes yeux pendant plusieurs minutes. De ce chaos s'éleva un cri épouvantable formé par des milliers de cris de ces malheureux. Tous les équipages des bâtiments, au nombre de cinq cents hommes, étaient à terre dix minutes après. En quelques heures, deux cents personnes encore vivantes furent retirées des décombres, et le soir on avait trouvé quatre cents cadavres. L'hôpital militaire et maritime avait été détruit de fond en comble. Figurez-vous les deux murs s'abattant l'un vers l'autre et le toit par dessus; cependant nous eûmes encore le bonheur de sauver quelques hommes encore vivants (1).

« Fort de France, 11 janvier 1839.

« A 5 heures 55 minutes du matin, une sorte de mugissement vague et lointain, assez com-

---

(1) Extrait d'une lettre de M. Nacine, enseigne de vaisseau, à M. Martin.

parable à l'oreille à l'effet d'une rafale, fut le précurseur du fléau. Aussitôt la terre s'ébranle jusque dans ses fondements. Quinze oscillations bien tranchées se font sentir avec des intensités inégales et dans des directions différentes.

« La durée moyenne de chacune d'elles est à peu près d'une seconde.

« Leur force est telle qu'un homme privé d'appui doit être inévitablement renversé : ou, pour être plus précis, que la crête d'un mur de 4 mètres de haut présentant son travers au lit, son mouvement décrira dans l'espace des arcs de 10 à 12 pouces.

« Par une sorte de raffinement de destruction, le moteur invisible combine ses efforts et les coupe par des repos de quelques secondes, de manière à pouvoir agir successivement de l'est à l'ouest, du nord au sud, et enfin dans le sens de la verticale.

« Cette effroyable trilogie, y compris les entr'actes, a donc duré vingt-trois à vingt-quatre secondes, un instant à peine, mais un instant bien long pour une population brusquement arrachée au sommeil et fuyant échevelée, hale-

VUE PRISE DU FORT SAINT-LOUIS

tante, au milieu d'une pluie de pierres et de décombres d'où s'élève un sombre nuage de poussière qui, lui aussi, porte la mort et l'asphyxie dans son sein et couvre notre malheureuse ville tout entière.

« Car cet effet a été aussi complet qu'instantané.

« Le Fort-Royal n'existe plus qu'en une immense ruine ; les rues, les cours, les jardins ont disparu sous l'affaissement simultané des constructions.

« Sur huit cents maisons que comporte la ville, la moitié jonche la terre, deux cents maisons partiellement croulées et ce qui reste debout menace incessamment de nouveaux malheurs. Cinquante à soixante à peine peuvent être habitées sans danger, mais aucune n'a été épargnée.

« L'hôtel du gouvernement, celui de Bellevue, l'hôpital, l'église, le Conseil colonial, la Cour Royale, la caserne de gendarmerie, celle de l'artillerie, le magasin général, deux prisons, les logements occupés par les chefs d'administration, l'inspecteur colonial, le trésorier et le commandant de la gendarmerie, tous les établissements publics ont partagé le sort commun.

« A l'hôpital a eu lieu l'épisode le plus affligeant du drame, qu'il est si triste d'avoir à décrire. Le pavillon neuf, pouvant recevoir 160 malades, et qui en comptait seulement 46 le jour de l'évènement, s'effondre en entier, ensevelissant tous ces malheureux, dont le grand nombre (34) ne sera retiré à grand'peine de cette montagne de ruines que pour être transporté dans une autre sépulture.

« Aux abords de l'hôtel du gouvernement, une maison des plus modestes n'ayant qu'un rez-de-chaussée et qu'habitait une famille composée de huit personnes sert de tombe à sept d'entre elles.

« Dans la cour Sainte-Luce, amas de cabanes qui sert de refuge à la partie la plus pauvre de la population, on compte quatorze cadavres. A la prison des esclaves, neuf individus sont écrasés, treize blessés grièvement.

« Enfin, c'est une vaste désolation qui plane sur la ville entière.

« Dès les premiers moments, et grâce aux mesures promptes et aux décisions prises par l'autorité, la garnison et les marins de la station s'étaient portés au pas de course partout où leur présence était nécessaire.

« Les cadavres purent être ainsi relevés dans cette première journée et transportés au fur et à mesure avec un dévouement et des soins qui font honneur à la population, les uns sur place, les autres sur la savane des Quatre-Noirs, d'où ils furent dirigés en masse, et au moyen des fourgons de l'artillerie, sur le cimetière, sous l'escorte d'un détachement de troupe que précédaient la croix et le curé de la ville.

« Depuis, d'autres cadavres ont été successivement retirés.

« Leur nombre total s'élève à 261.

« Les blessés, par une singularité assez remarquable, et dont il faut s'applaudir, ne sont pas à beaucoup près aussi nombreux que pouvait le faire supposer le chiffre des morts. Il ne dépasse pas 250. Au milieu de la stupeur générale et facile à comprendre, il y a lieu d'admirer avec quelle promptitude et surtout avec quel tact des ambulances provisoires ont été installées pour recevoir et secourir tant d'infortunes. »

« Saint Pierre, le 15 janvier 1839.

« Le 11 de ce mois, à cinq heures cinquante-cinq du matin, notre colonie a éprouvé un tremblement de terre d'une violence telle que, de mémoire d'homme, il n'y en avait pas eu dans ces contrées; il a dévié de trente-cinq à quarante secondes, et ce peu de temps a suffi pour causer des ravages irréparables. Trois secousses, dont la violence allait en augmentant, se sont fait sentir du sud au nord, de l'est à l'ouest, enfin de bas en haut. Ce mouvement de trépidation a été surtout remarqué du bord des navires en rade, et par des personnes de la campagne, qui voyaient la terre sauter autour d'elles comme si elle eût été jetée en l'air. Pendant la nuit précédente, il y avait eu quelques grains, et la température, chaude depuis quelques jours, était assez fraîche. L'horizon était brumeux et sombre, et le temps calme lorsque le tremblement de terre s'est fait sentir.

« La ville de Saint-Pierre a considérablement souffert, surtout dans le quartier du Mouillage, depuis la rue Lucy jusqu'à la place du Marché. Plusieurs maisons ont été renversées, et toutes, à deux ou trois exceptions près, lézardées de haut en bas en divers endroits.

« Tous les murs sont surplombés; les clefs de voûte des portes et des fenêtres ont cédé, ainsi que le clocher du Mouillage, construit en pierres de taille depuis des années. Il faudra les rebâtir presque toutes. Tels étaient la violence des secousses et l'écartement que les édifices éprouvaient, que dans plusieurs endroits les chaînes, placées d'une maison à l'autre pour supporter les réverbères au milieu de la rue ont été brisées, après avoir été tendues le plus qu'elles pouvaiet l'être.

« Le quartier du Fort a aussi éprouvé beaucoup de mal; mais comparativement beaucoup moins que le Mouillage. On estime qu'il faudra plus de 4 millions 700.000 francs pour réparer seulement les maisons. Deux femmes ont été écrasées sous les débris de leurs maisons, et trois personnes grièvement blessées.

« Au milieu de la stupeur générale, une vive anxiété régnait sur le sort de Fort-Royal, construit sur un terrain d'alluvion et peu solide. A neuf heures et demie, on a reçu les premières nouvelles; elles étaient affreuses, et, cependant, bien au-dessous de la réalité. »

« Lorsqu'on a ressenti le tremblement de terre, le vent venait du nord-ouest et l'île entière était enveloppée de nuages et de vapeurs qui, vus à une courte distance, la dérobaient à la vue des navires près d'atterrir en ce moment... Le ciel était pur (comme toujours à cette époque de l'année); le vent soufflait du nord-ouest, qui est celui des ouragans, et ne souffle jamais en cette saison. Le tremblement de terre s'est formé de deux secousses d'une violence incomparable, et qui ont duré, dit-on, trente secondes, y compris leur court intervalle... elles semblaient ondulatoires et se diriger du sud au nord. La grille en fer de l'hôpital, nouvellement posée, a été arrachée des pierres de taille où elle avait été scellée, et elle a été lancée à distance au lieu de choir sur la place.

Pour expliquer la destruction de la ville de fond en comble, subitement et en un instant, on a cherché la cause de cette grande catastrophe dans les anciens volcans de l'île; on a même cru un moment que les les montagnes s'ouvraient et se couronnaient de flammes...

On sait que la Martinique ne possède que des volcans éteints depuis la prise de possession des Français; mais on peut admettre que le tremblement de

FORT-DE-FRANCE
rue après le cyclone.

terre du 11 janvier annonce un phénomène volcanique résultant de l'activité des anciens foyers de la Martinique, et ayant pour centre d'action la Montagne Pelée ou les Pitons des Carbets.

Tout porte à croire, au contraire, qu'il appartient à une cause beaucoup plus étendue et pour ainsi dire générale.

On lit dans une lettre de St-Pierre (Martinique) du 24 janvier, des indications sur les pertes matérielles :

> « Notre terreur n'est pas encore dissipée; depuis le funeste évènement du 11 courant, la terre a encore tremblé quatre fois, et ces sinistres secousses ont jeté toute la population dans la plus cruelle anxiété. Les pertes causées par le premier tremblement peuvent s'élever à près de 10 millions. De toute part on travaille à relever les usines et les sucreries pour sauver la récolte. Enfin, le courage ne manque pas ; mais il faut que la métropole vienne à notre aide pour le dégrèvement, car, si après un tel malheur, l'avilissement des prix du sucre continue, les infortunés habitants de la Martinique ne pourront plus se relever (1). »

(1) *Débats*, 8 mars 1839.

« Saint-Pierre (Martinique), le 11 janvier 1839.

« Je vous écris à la hâte que Saint-Pierre est dans la plus grande désolation. Ce matin à 5 heures 3/4 nous avons eu un tremblement de terre épouvantable qui a duré près de deux minutes.

« Nous avons tous cru que notre heure dernière avait sonnée. Un quart de la ville est endommagé et plusieurs maisons détruites. Quelques personnes ont été tuées et d'autres blessées. J'apprends à l'instant que la ville du Fort-Royal est à moitié détruite : l'hôpital de cette ville s'est écroulé, et beaucoup de malades ont péri sous les décombres ; la maison Mouthet, établissement public où se réunissait la classe aisée de la société, est entièrement détruite ainsi que beaucoup d'autres.

« La Case-Pilote, village à moitié du chemin de Fort-Royal, est totalement détruite.

« Nous sommes dans une peine indéfinissable, nous craignons que de nouvelles secousses ne viennent mettre le comble à l'œuvre de dévastation.

« Deux secondes de plus Saint-Pierre n'était que ruines. »

Autre lettre, même date.

« Nous venons seulement vous apprendre la triste

position de la ville de Saint-Pierre, plus heureuse encore que les autres ; la protection divine a jeté ses regards en compassion pour nous éviter plus de mal.

« Ce matin à 5 heures 3/4 il y a eu un fort tremblement de terre qui a mis tout le monde dans la consternation. Toutes les maisons ont souffert ; plus de vingt petites dans les rues de derrière sont écroulées.

« Les nouvelles portées par nos canots arrivés à midi de Fort-Royal et parties à 8 heures donnent à peine quelques détails. Toutes les maisons et murs de cette ville sont à terre, et il y avait, à cette heure, quatre à cinq cents personnes déjà trouvées mortes et déposées sur la savane. Il faut espérer que d'ici à demain, nous serons mieux informés.

« P.-S. — Il est deux heures. Un canot arrivé de Fort-Royal nous informe qu'il y a plus de huit cents personnes déjà trouvées mortes ou blessées. Désirons que cela s'arrête là. »

Autre lettre, même date.

« Notre pauvre pays est dans la désolation, je ne suis pas encore revenu de ma peur. Je ne vous dis qu'un mot de notre position, si Dieu me prête vie j'aurai l'avantage de vous tracer le tableau de nos malheurs.

« Ah ! mon ami, jamais nous n'avons eu à déplorer une calamité du genre de celle-ci. Vers les 6 heures du matin après avoir passé cette nuit tranquille au moment où chacun se disposait au travail, nous voilà tout à coup arrêtés par un violent tremblement de terre qui a duré deux minutes et qui fut terrible pour tous et funeste pour quelques-uns ; car, hélas! nous comptons déjà dans notre ville quatre victimes, deux mortes et deux dangereusement blessées. Eh ! mon ami, est-ce tout. Non, pour notre malheur, le Fort-Royal vient d'augmenter nos maux. Il est dix heures du matin, la nouvelle nous arrive que les deux tiers des maisons de cette ville se sont écroulées et que sept cents cadavres sont exposés sur les savanes. Les recherches continuent (1). »

« Saint-Pierre-de-la-Martinique, 24 janvier.

« Notre terreur n'est pas encore dissipée depuis le funeste événement du 11 courant, la terre a encore tremblée quatre fois et ces sinistres secousses ont jeté la population dans la plus cruelle anxiété. Les

1. *Moniteur*, mercredi 20 février 1839.

pertes causées par le premier tremblement peuvent s'élever à près de 10 millions.

« De toutes parts on travaille à relever les usines et les sucreries pour sauver la récolte. Enfin le courage ne manque pas, mais il faut que la métropole vienne à notre aide (1). »

« Saint-Pierre-Martinique, 20 janvier 1839.

« Le 11 de ce mois, à 6 heures du matin, la terre a tremblé sous nos pieds comme jamais de mémoire d'homme elle n'avait tremblé ici ou ailleurs. La ville de Fort-Royal est détruite de fond en comble : il n'en reste plus en vérité que la place et le nom, tout le reste est à terre. L'hôtel du Gouvernement, celui de l'Ordonnateur, celui du Trésor, magnifique construction qui venait de s'élever ; l'église, le presbytère, le Palais de Justice, la vieille et la nouvelle Geôle, le local de la Législature, la caserne de la Gendarmerie, le Dépôt des pompes à incendie, l'Abattoir public, l'imprimerie du Gouvernement, la salle de spectacle, la résidence extra-muros des gouverneurs, les magasins et les arsenaux de la Marine, tout est en ruines et jonche le sol.

1. *Standard*, 3 février. *Moniteur universel*, 4 avril 1839.

« Mais là où l'esprit se confond dans la force et dans la violence du fléau, c'est à voir la destruction des deux hôpitaux, et surtout de l'hôpital neuf ! Ce magnifique établissement, vaste et solide, était à peine achevé, c'était notre espoir et notre orgueil, il n'avait pas son pareil dans les Antilles ! Eh bien ! il est tombé, il s'est écroulé sur des centaines de malades ! il n'en reste pas pierre sur pierre, pas deux roches que le ciment unisse ; s'il en est ainsi des monuments publics qui remplissent en général toutes les conditions de solidité, jugez, mon cher ami, de ce qu'il en est des propriétés particulières ! Pas une maison en murs n'a échappé à la destruction ! Celles en bois auraient résisté, mais elles ont été écrasées par la chute de leurs voisines.

« Je me trouvais tout près du Fort-Royal au moment de la catastrophe ; j'ai pu m'y rendre après et lorsque la ville se tordait encore dans les dernières convulsions de choléra-monstre qui déchirait ses immenses entrailles de pierre et de bois ! Quel affreux spectacle ! Quelle horrible mêlée de cris humains et de bruits d'écroulements ! Quel pêle-mêle de débris d'hommes et de décombres de monuments. Quatre cents et quelques morts arrachés des ruines, tout mutilés, défigurés à n'être pas reconnus par l'œil d'un ami et même d'une mère, reçoivent la sépulture dans d'immenses et communes fosses, creusées à la hâte, sous un climat où la décomposition marche si vite au devant de la peste. Combien de victimes obscures, connues seulement de leurs voisins morts comme eux, resteront enfouies dans la terre où les ont enfoncées les débris de leurs demeures, sans personne pour les réclamer ou même les nommer à la liste des morts ! On a trouvé sous les décombres des familles entières mortes dans un dernier embrassement, mortes non pas du coup soudain qui en a tant tué sans souffrance, mais dans la lente et douloureuse épreuve de l'étouffement.

« Quelle histoire de sentiment et de dévouement révélée par la position des cadavres ! Ici une mère écrasée sur des enfants qu'elle a voulu couvrir de son corps ; là, des pères de famille broyés sur le seuil de leurs maisons, où ils accouraient au devant de la mort ou au secours des chers objets de leur affection ! Te ferai-je le tableau des horribles mutilations subies par ces cadavres ? Le souvenir seul m'en fait dresser les cheveux sur la tête !... Des femmes éventrées ayant rendu, sous la pression des décombres, le fruit de leurs flancs et leurs entrailles en même temps ; des enfants tenant encore au sein de leur mère écrasée avec eux; les ambulances improvisées en plein air, à défaut d'asile encombrées par sept ou huit cents blessés, sur lesquels même diversité, même énergie dans les atteintes reçues.

« Tous demandent à grands cris qui, la mort comme le seul terme à leurs maux ; qui, des nouvelles de leurs parents disparus; qui, des soins trop lents à leurs douleurs insupportables et que l'art et la charité, rivalisant de zèle, ne peuvent donner à tous à la fois. Hélas ! pour beaucoup le retard fut la mort...

« Le lendemain et dès la veille, la grande savane fut couverte de tentes avec les voiles de rechange des bâtiments de guerre et par la main des braves et généreux marins de la station. La faim et le dénuement y entrèrent avec la population demi-nue et sans asile ; plus de médicaments pour les blessés, des vivres pour personne, point d'eau à boire ! Tout avait péri où se trouvait engagé sous les décombres de la ville défunte ! Saint-Pierre heureusement, toute mutilée qu'elle se trouvait, s'est souvenue de sa sœur et a deviné sa faim et son dénuement. De nombreuses embarcations, chargées de pains et d'aliments tout préparés, sont arrivées et arrivent encore en foule au secours des malheureux. La charité est belle et grande aux colonies ! Ici la charité a des ailes d'ange et vole au devant du malheur; et pourtant on nous calomnie pour nous exterminer. On conspire avec des éléments aveugles et furieux la ruine et la destruction de cette brave et hospitalière société coloniale.

« Une des tentes de la savane fut destinée au service divin. Les derniers morts apportés des décombres ont assisté pêle-mêle avec les vivants à la première messe qui y fut célébrée. Lorsque tout fut prosterné sous l'ostensoir, morts et vivants, dans la même immobilité, dans le même recueillement, une saisissante harmonie s'établit entre ce peuple sans mouvement et les vastes ruines au milieu desquelles il priait.

« Cependant, mon ami, il faut s'étonner et bénir Dieu qu'il n'y ait pas eu plus de morts sous l'écroulement d'une ville tout entière. Il était 6 heures du matin, la plupart du monde était levé, se trouvait au loin à ses travaux; le reste était réveillé, à même de fuir au dehors ou de se garantir au dedans de la chute des matériaux; mais si un pareil événement l'eût surprise pendant la nuit, la population entière eut passé du sommeil à la mort.

« Saint-Pierre a beaucoup souffert, mais se tient encore debout. Cependant, plusieurs rues se sont écroulées et toutes les maisons sont lézardées. Beaucoup sont à reconstruire, toutes à réparer. La campagne n'a pas été épargnée ; un grand nombre de sucreries a perdu ses bâtiments d'exploitation. Où prendre des millions pour rebâtir nos villes et relever les usines détruites ? Pauvre Martinique! la betterave rira de tes maux et en calculera le revient pour elle. Pauvres colons, vous vivez et dormez sur le volcan, vous buvez et mangez sur le poison, et au lieu des poignards et des incendies nocturnes, vous semez à l'ouragan et au milieu des tempêtes, vous marchez sur un sol infidèle qui se dérobe sous vos pas! Ce n'est pas assez : le fisc métropolitain, plus injuste, plus cruel à lui seul que tous les fléaux ensemble.....

« Je l'ai dit, les hommes et les éléments ont conjuré notre perte. La nuit même, cette nuit fatale du 11, et quelques heures seulement avant le tremblement de terre, des malfaiteurs ont essayé de mettre le feu à la ville... Mais le génie de la destruction n'a pas voulu de ces misérables exécuteurs des haines vulgaires de certaine association anti-coloniale.

« Il a eu honte de se faire leur complice de nuit, il a attendu le jour pour secouer la ville sur eux et sur leurs œuvres !... Je n'ai vu aucun des pronostics qui, au dire de quelques-uns, auraient annoncé le fléau. Le tremblement de terre est venu sans se faire annoncer et nous a laissé dans la terreur de sa soudaineté, rien n'a dit qu'il venait, rien ne dit qu'il ne recommencera pas presque tous les jours; depuis le 11, de faibles secousses nous tiennent en haleine, notre sommeil est un affreux cauchemar. Nous disons, comme à la Trappe, avant de nous coucher : Frère, il faut mourir !...

« Je me suis trouvé, je le répète, au moment fatal à la campagne, à peu de distance du théâtre de la catastrophe. A six heures du matin, j'étais déjà éveillé, mais encore dans ma chambre.

« Le temps était au beau. J'entends un bruit sourd, mais large, profond, étrange, à n'être pris pour aucun bruit connu. Une nuée d'immenses oiseaux l'aurait peut-être produit avec leurs ailes. Parti du sud-est, ce bruit courait dans la direction opposée du compas en tourbillonnant. J'ai senti en même temps les premières secousses et vu sauter bientôt la toiture de la maison et les murailles se fendre avec fracas. J'ai voulu sortir, après avoir regardé ma montre, et j'ai trouvé les portes et les fenêtres engagées sous la pression des cintres. Je me suis ensuite remis sur mon lit, comme on est au roulis et au tangage d'une barque battue par la tempête. Pendant 30 à 35 secondes, l'île m'a semblé être dans un crible horriblement agité. Les secousses de la terre ont eu toutes les directions, oscillation, trépidation, trente-cinq secondes ! Une éternité pour la terreur impatiente. Assez de temps pour détruire l'ouvrage des hommes pendant des siècles, pour amonceler plus de décombres qu'on ne pourrait en déblayer pendant une année entière.

« Ah ! mon bon ami, quelle a été ma position pendant plus de douze heures. A quel prix, grand Dieu, m'avez-vous tenu quitte du deuil des miens et des angoisses sur ma propre conservation. Aux secousses que j'ai éprouvées, aux ruines dont je me suis vu entouré, je n'ai pu douter de la destinée de nos villes, de Saint-Pierre où ma famille, où mes enfants se trouvaient loin de moi.

« Jugez de ce que j'ai dû subir de tortures d'esprit, quand je me suis vu au milieu des débris ensanglantés de Fort-Royal, sans moyen de communication immédiate avec Saint-Pierre, sans nouvelles de ma famille ! Ah ! pendant ces longues heures, je suis mort à moi seul de toutes les morts qui ont passé sous mes yeux ! Le soir enfin, j'ai pu savoir que je n'avais à regretter que le dégât de mes propriétés !

J'en ai remercié et béni Dieu, mais sans trouver dans mon cœur cette joie, si vive d'ordinaire, qui succède aux appréhensions de ce genre. La maison dont, pendant mes fréquents voyages au Fort-Royal, j'occupais le second étage, a été culbutée de fond en comble. Sur onze locataires, sept ont été tués, trois grièvement blessés et un seul fut épargné au premier étage.

« Adieu, mon cher ami, ce mot a de la portée dans la position où nous nous trouvons ici (1). »

Saint-Pierre, 20 janvier.

« Le trésor, le greffe, le gouvernement, les hôpitaux, les prisons, n'existent plus. L'hôpital militaire, le plus vaste établissement de la ville qui venait d'être achevé et qui coûtait 500,000 francs, a été broyé comme un jouet, avec tous les malades qui s'y trouvaient et dont les cadavres sont encore sous les débris, d'où ils ne peuvent être retirés de longtemps ; car tous les bras qui peuvent agir ont plus à faire qu'ils ne le peuvent, et chacun cherche à exhumer son parent, son ami, des décombres, pour lui faire donner la sépulture, et ceux qui ont le bonheur de

(1) La *Gazette de France* du samedi 30 mars 1839.

n'avoir perdu personne, fouillent dans les ruines de leurs maisons pour sauver quelques lambeaux de linge ou quelque argent.

« On a déjà enterré plus de trois cents personnes, le premier jour, on en mettait vingt-cinq à trente dans la même fosse, et les tombereaux ne suffisaient pas. On évalue à 600 ou 700 le nombre des tués et les blessés au nombre de 3 à 400. On ne peut avoir un chiffre certain, la plupart des victimes étant des malheureux qui ne sont pas réclamés par les survivants : et, d'ailleurs, une infinité de ces familles pauvres ayant été écrasées sans que personne leur ait survécu, comment maintenant chercher les cadavres d'un père, d'une femme, d'un fils. On craint que la putréfaction de tous ces cadavres qui sont encore couverts par des monceaux de murs, de toiture, ne fasse naître une peste qui ajoutera de nouvelles victimes à tant de victimes déjà devenues la proie du fléau.

« Je n'essaierai pas de vous peindre l'aspect de toutes ces ruines, qui sont broyées comme dans un mortier, de vous parler du désespoir, de la stupéfaction des survivants. Je n'ai pu rester que deux heures environ avec ceux que j'ai retrouvés, et ces deux heures n'ont été remplies que par d'affreux détails et des pleurs.

« Cette destruction complète de la succursale de

notre ville anéantit le commerce; chacun a sa part dans la perte commune. Il y a des maisons d'ici qui perdront 100,000 francs. »

On lit dans le *Courrier de la Martinique* du 15 :

La campagne a beaucoup souffert aussi, mais personne n'a péri. Le bourg de la Case-Pilote a été traité aussi mal que le Fort-Royal; plusieurs personnes y ont été gravement blessées, entre autres Mme Lepelletier Saint-Rémy, dont l'état est très alarmant. Le Robert, le François, la Rivière-Salée, ont été rudement secoués. A la Trinité, quelques maisons ont été renversées, toutes sont lézardées. Le Marigot, Sainte-Marie, la Grand'Anse ont éprouvé de grands ravages. Les églises, dont les murs sont partout lézardés, se sont écroulées en partie dans plusieurs paroisses.

Les quartiers du Sud ont, comparativement, été moins maltraités. Cependant, il est peu d'habitations dans l'île qui n'aient éprouvé des dommages considérables dans les constructions. Sur plusieurs propriétés du Robert et du François tous les bâtiments ont été détruits, c'est une ruine complète.

Les nouvelles que nous recevons de Sainte-Lucie, de la Dominique et de la Guadeloupe, sont tout à fait rassurantes. On y a ressenti le tremblement de terre, mais d'une manière moins forte qu'ici et il y a fait peu de mal.

La mer, qui était très forte depuis plusieurs jours, avant le tremblement de terre, s'est enfin calmée, et une forte brise de nord-est règne depuis lors.

Quelques personnes croient que le tremblement de terre que nous avons ressenti aurait été occasionné par un volcan, dont le foyer, situé sous la Martinique, aurait cherché à s'y faire jour et à s'ouvrir un cratère; que l'éruption n'ayant pas eu lieu, les ébranlements devaient recommencer et que nous étions ainsi incessamment menacés. Cette opinion, de nature à jeter la terreur et l'effroi, nous semble erronée et le résultat d'un point de vue rétréci. Si l'on consulte l'histoire géognostique de notre pays, les événements passés et l'opinion même de ceux qui se sont occupés de nos contrées, on demeure à peu près convaincu que le golfe du Mexique et cette pléiade d'iles qui le garnissent, ne sont que le produit du déchirement de cette partie du continent travaillé par la mer, les feux souterrains et tous les éléments destructeurs que renferme le sein de la terre.

Or, ce foyer que l'on voudrait placer sous la Martinique, ne s'étendrait pas seulement sous tout le

FORT-DE-FRANCE
Magasins et Chantiers de la Compagnie Transatlantique.

golfe du Mexique, mais posséderait encore une étendue indéfinie ; car, s'il est vrai qu'en novembre 1727, la Martinique éprouva seule des secousses qui se firent sentir, par intervalles, pendant trois jours, et détruisirent tous les cacaotiers de l'île, il faut dire aussi que l'épouvantable tremblement de terre de Lisbonne, qui eut lieu le 1er novembre 1755, fut ressenti à la même heure en Afrique et le long des côtes de l'Océan, depuis Gibraltar jusqu'au Danemarck, fit éprouver ses effets, pendant le même temps, aux Antilles, où la mer, après s'être retirée, monta considérablement, inonda la partie située au vent et où plusieurs d'entre elles furent violemment oscillées. Vous voyez qu'il serait difficile de fixer le foyer sur une ramification aussi vaste (1).

A la suite de cette catastrophe, M. le contre-amiral De Moges écrivait officiellement :

Fort-Royal, le 12 janvier 1839.

« Monsieur le Ministre,

« J'ai la triste mission de vous annoncer la ruine entière de la ville de Fort-Royal.

---

(1) *Journal du Havre*, 10 février. — *Gazette de France*, 27 février 1839.

« Hier, un peu avant le jour, un horrible tremblement de terre s'est fait sentir. Il n'a pas duré une minute; mais trois fortes secousses ont eu le plus déplorable effet; la moitié de la ville est renversée sur le sol, et le reste, sauf des baraques en bois, est trop ébranlé pour offrir un asile sûr à la population, qui bivouaque en partie sur les places publiques, sous des tentes improvisées à la hâte. L'hôpital n'existe plus; ce qu'il renfermait de malades a été enseveli sous ses immenses ruines, que des centaines d'hommes travaillent à déblayer. Il ne reste plus que la partie inférieure de l'ancien édifice, où s'entassent les blessés que l'on apporte à tout instant du milieu des décombres où on les cherche. Les casernes d'artillerie, les magasins, le gouvernement, ne sont pas encore tombés ; mais les murs sont inclinés, disjoints et ouverts; on s'efforce de les étançonner pour prévenir provisoirement leur chute.

« Au moment du désastre, que rien n'avait fait prévoir, j'accourai des hauteurs de Bellevue, dont le corps de logis principal a été respecté. C'était un lugubre spectacle que cette ville perdue dans une sombre atmosphère de poussière noire, d'où s'élevait un effroyable cri de terreur et de désolation.

« Ce qui était à faire a été fait. Les chefs d'administration, ceux des divers services, le colonel du 2ᵉ régiment, les capitaines des six navires en rade, ont imprimé aux soldats et aux matelots la plus énergique impulsion. Un service provisoire d'ambulance a été créé. Plusieurs centaines de morts ont été enterrés avant la nuit.

« Aujourd'hui, le travail de déblayage continue ; tous les marins de la rade, tous les soldats de la garnison sont répartis sur les travaux, et il en sera de même les jours suivants.

« La ville de Saint-Pierre a beaucoup souffert, mais elle est encore debout. Les habitants des campagnes, suivant les rapports qui me parviennent, ont éprouvé peu de pertes en hommes ; mais les établissements de pierre, les fours, les usines, les moulins, sont presque partout renversés ; ce qui compromet la récolte des sucres, car partout l'argent et les matières manquent.

« Quant au Fort-Royal, déjà si misérable, c'est une ville détruite, si la France n'étend point ici, pour la relever, sa main puissante et généreuse.

« Dans cet état de choses, j'ai dû songer au plus pressé. Des vivres ont été demandés dans la campagne ; j'ai pris un arrêté pour ouvrir les ports de la colonie à l'introduction, par tout pavillon et en franchise de droits, des vivres et des matières de construction. Je dois déclarer à Votre Excellence que ce fléau, étant tombé sur cette colonie, déjà réduite à une si grande misère, je ne conçois aucun moyen de faire rentrer les impôts de l'année courante, ni de ce qui reste de l'arriéré.

« La douane pourra donner 8 à 900,000 francs; mais la Métropole devra faire ici environ 1,200,000 francs, si elle veut assurer les services publics pour 1839, le budget s'élevant à 2 millions environ.

« Mon devoir est donc de vous demander, Monsieur le Ministre, pour que le roi et les Chambres le sachent, les secours suivants :

« Exemption d'impôts, sauf ceux des douanes, pour 1839..... »

LE CONTRE-AMIRAL
Gouverneur de la Martinique,
COMMANDANT EN CHEF
des Forces navales des Antilles,
DE MOGES.

P.-S. — Je ne ne dis rien de la question des sucres, parce qu'il est évident que le moment d'un dégrèvement large est arrivé ou jamais.

Le journal qui publiait cette lettre, ajoutait :

« Notre avis à nous serait que, cette fois, il y eût pour la colonie exemption complète d'impôts, même de ceux des douanes pendant deux ou trois ans, afin que la colonie, devenant un port libre, les marchandises étrangères y vinssent de façon à approvisionner largement le marché et être vendues à un prix très modique qui les mit à la portée de toutes les bourses aux trois quarts vidées par le désastre. »

Ouragan du 21 janvier 1839

Un navire arrivé de la Martinique dimanche dernier, a apporté la nouvelle que cette île avait éprouvé le 21 janvier une nouvelle secousse très violente de tremblement de terre qui avait endommagé un grand nombre de maisons soit à Saint-Pierre, soit à Fort-Royal. Mais personne n'avait péri.

Ouragan du 2 avril 1839

Saint-Pierre-Martinique, le 2 avril 1839.

« Ce matin, à 2 heures 25 min., les habitants ont été réveillés par deux tremblements de terre très forts: chacune des secousses a duré 40 secondes. On ne saurait décrire l'effet produit par cet événement. On voyait les maisons trembler, des pierres se détacher des édifices, des tuiles et du plâtre voler dans plusieurs directions et des enfants jetant des cris et en proie à la plus sombre consternation. Nous n'avons pas appris qu'il ait péri du monde, mais plusieurs personnes se sont blessées en s'élançant par les fenêtres. Après les terribles événements qui ont désolé cette ville, les habitants ne peuvent goûter aucun repos. Ces nouvelles sont données par M. Philippe de Crény, consul des États-Unis. »

Sinistre du 2 août 1839

Saint-Pierre, 2 août 1839.

« Cette nuit, à deux heures vingt-cinq minutes, nous avons été réveillés par un tremblement de terre épouvantable. Trois fortes secousses se sont fait sentir et ont duré de douze à quinze secondes. Les dernières étaient plus violentes. Le mouvement a été brusque, saccadé, horizontal du nord-est au sud-ouest. De nouveaux désastres seraient sans nul doute à déplorer, si nous avions éprouvé ce mouvement de trépidation, qui a été si funeste lors du tremblement de terre du 11 janvier dernier.

« A Saint-Pierre, il y a eu peu de mal; un mur de pignon s'est écroulé rue Sainte-Marthe, et a écrasé une petite maison qui y était adossée ; personne n'a péri.

« Telle était la violence des secousses, qu'une terreur panique s'est emparée des soldats logés dans la nouvelle caserne. Un homme s'est cassé une cuisse en voulant sauter par une fenêtre, et beaucoup d'autres ont été plus ou moins grièvement blessés et foulés aux pieds dans les escaliers en s'y précipitant en désordre.

« Nous apprenons qu'au Fort-Royal plusieurs murs se sont écroulés, mais personne n'a péri. Le toit et partie d'un mur de la maison de M. Dufougeray, dans la Grande-Rue, sont tombés et ont blessé deux ouvriers.

« A l'abattoir, un homme a été blessé en voulant éviter le danger. Aussitôt après le tremblement de terre, on a transporté sur la savane les malades qui, depuis la destruction de l'hôpital, étaient logés dans les salles de la caserne d'artillerie.

« Dans le court espace de six mois, voici deux tremblements de terre d'une violence inconnue antérieurement dans la colonie. Sans nous attacher à en rechercher les causes, nous nous bornerons à constater que, depuis le tremblement de terre du 11 janvier, une sécheresse continuelle a régné. Les vents du sud ont presque constamment soufflé. Depuis quinze jours il faisait très sec; le vent assez fort à l'est-sud-est, et cependant la température très chaude. Les deux dernières nuits il faisait calme plat et une chaleur étouffante; les nuages étaient très rapprochés du sol.

« Aussitôt après le tremblement de terre, la pluie a commencé et continue à tomber. Le ciel est couvert, et nous éprouvons une chaleur insupportable. Nous sommes sans nouvelles de la campagne.

« Au moment de mettre sous presse, nous apprenons par une personne qui arrive de Fort-Royal, que ce matin vers 5 heures 3/4, une nouvelle alarme y a lieu. Les cris : « Au feu ! » se sont fait entendre. Mais on a su bientôt que c'était un mur de la caserne d'artillerie qui venait de s'écrouler. Personne n'a péri, grâce à la précaution qu'on avait prise de faire évacuer les malades et les soldats. Il y a eu quelques blessés au Fort-Royal, mais en petit nombre.

« On peut dire que, cette fois, on était bien plus épouvanté qu'en janvier, parce que l'on s'attendait à un dénouement aussi terrible qu'alors, aussi nul n'osait rentrer chez soi, et on ne s'est pas avisé de reprendre le sommeil interrompu (1). »

---

(1) C. Mart.; *Débats*, 27 septembre 1839.

Ouragan du 3 août 1842

« Saint-Pierre (Martinique), 3 août.

« Depuis le funeste événement du 11 janvier 1839, nous sommes souvent alarmés par des tremblements de terre plus ou moins fréquents. Il semble que ce redoutable fléau craigne d'être oublié de nous. Comme une main invisible et toujours prête à nous anéantir, il nous prend au moment où nous y pensons le moins, mais le plus souvent il nous arrache de notre sommeil et il jette la terreur dans nos âmes, hélas! déjà si troublées par nos infortunes commerciales. La nuit dernière, à deux heures huit minutes, nous avons encore ressenti un tremblement de terre; la secousse en a été faible grâce à Dieu et a duré environ deux secondes. Hier l'atmosphère était chaude et pluvieuse, le même temps continue aujourd'hui (1). »

---

(1) *National*, 19 septembre 1842.

Ouragan du 8 février 1843

La durée du tremblement de terre a été jugée de une et demie à deux minutes et, au moment où il a eu lieu, la terre a semblé couverte d'une espèce de vapeur qui s'élevait à peu de hauteur. Quelques personnes prétendent avoir senti l'odeur du soufre brûlé.

Tout le monde est d'accord que les secousses étaient accompagnées d'un bruit si violent que l'on n'entendait pas celui des vases et autres objets tombant à terre. Il en a été de même dans les maisons en bois situées en pleine campagne, et qui n'ont pas subi de dommages.

Pendant les secousses, des eaux vives saillirent dans des endroits qui en avaient été dépourvus jusqu'alors. On a remarqué que des puits débordèrent pendant plusieurs jours et qu'ils donnèrent des eaux douces au lieu d'eaux saumâtres, comme par le passé. Ce dernier fait a eu lieu dans presque toute la Basse-Terre, et a frappé tous les habitants de la Pointe-à-Pitre.

Une mare située sur un plateau élevé que l'on avait desséchée peu de temps avant au moyen d'un percement à travers un banc d'argile très puissant s'est remplie de nouveau, mais momentanément et pendant quelques jours seulement.

Des phénomènes contraires ont eu lieu presque dans les mêmes localités, des sources se sont taries, et les eaux n'ont pas encore reparu, notamment autour de l'habitation Beaumont.

Le cours d'une rivière a été détourné en plusieurs endroits, mais par éboulement de rochers voisins et non par soulèvement.

Il paraît que, jusqu'à présent, on n'a reconnu ni soulèvement ni dérangement de couches, et que les anciens volcans n'ont vomi aucune matière nouvelle. Les bords de la mer ne sont à découvert sur aucun point, ce qui aurait été facile à reconnaître, soit à des bancs de coquilles, soit à la mise à sec des rochers couverts de serpules ou de madrépores. Au contraire, du côté de la ville de Sainte-Anne, il y a eu un affaissement, l'eau de la mer s'est avancé jusqu'au pied des maisons dont elle était autrefois assez distante, et les habitants ont craint que la ville ne fut submergée.

Pendant le tremblement de terre, des fissures profondes se sont faites, et toujours perpendiculairement à la direction suivant laquelle les mouvements se sont produits.

Les secousses se sont fait sentir à la Guyane anglaise, aux Barbades, à la Floride et aux États-Unis.

Après la Guadeloupe, ce sont les îles d'Antigoa, Monserrat, la Martinique et la Dominique qui ont le plus souffert.

Depuis la catastrophe du 8 février dernier, on estime à plus de deux cents les secousses que l'on a ressenties, depuis le 8 février jusqu'au 1ᵉʳ juin, et quelques-unes ont été assez fortes pour qu'on se sauvât précipitamment des maisons (1).

. . . .

L'ouragan ayant également sévi à la Martinique et à la Guadeloupe, il a été impossible en même temps que nécessaire de donner la relation du sinistre tant dans la première île que dans la seconde.

Les faits ici rapportés ont été observés directement ou recueillis par M. Itier, géologue connu, envoyé à cette époque par le gouvernement en mission commerciale à la Guyane; ces faits comportent donc toute l'exactitude qu'il est possible de désirer.

Le voyageur a ressenti à Cayenne, où il se trouvait

(1) *Echo du Monde savant*, 17 septembre 1843.

alors, les puissantes secousses qui ont agité tout le sol de la Guadeloupe; il a visité peu de temps après la partie de la chaîne des Petites-Antilles que ce phénomène a le plus fortement affectée; les traces qu'en offraient encore les lieux qu'il a parcourus et les renseignements exacts qu'il a été en position d'obtenir, l'ont conduit à des conclusions qui intéressent au plus haut point la géologie et la physique générale du globe.

Les principaux faits qu'il a constatés sont : l'éboulement, sur une foule de points, de masses énormes de roches qui laissent subsister des déchirements considérables et des escarpements abruptes sur les flancs de montagnes comme sur les falaises des côtes. Il cite, entre autres, l'écroulement de la dent de la Soufrière de la Guadeloupe dont la hauteur se trouve ainsi abaissée de plus de trente mètres; le fendillement du sol qui, dans plusieurs endroits, s'est crevassé dans une direction constante du nord-est au sud-ouest, notamment dans la commune du Gosier, dépendant de la grande terre de la Guadeloupe; le jaillissement de la mer sur la place de la Victoire, à la Pointe-à-Pitre, et dans la Savane située derrière le bourg de Sainte-Anne; l'exhaussement de quelques parties des côtes de l'île anglaise de la

Dominique, côtes que M. Itier a suivi avec beaucoup d'attention ; enfin la direction du soulèvement qui paraît avoir été nord-ouest sud-est, c'est-à-dire perpendiculairement aux crevasses du sol et à la direction générale des vallées d'écartement de la chaîne des Petites-Antilles. Le segment de sphère affecté par le terrible phénomène donnerait une largeur de 25 à 30 lieues seulement, dans laquelle se trouvent compris, en s'avançant du nord-ouest au sud-est, la ville de Charlestown (Caroline du sud), les îles d'Antigoa, de la Guadeloupe, de la Désirade, de Marie-Galante, de la Dominique, de la Martinique, de Sainte-Lucie et de la Barbade ; la ville de Cayenne et le quartier de Travo, dans la Guyane française ; enfin l'île de Marajo, dans la rivière des Amazones.

Les bâtiments qui se trouvaient en mer le long de cette zone ont ressenti la secousse ; on cite, entre autres, la goëlette la *Fortuné*, capitaine Joyau, se rendant de la Martinique à Cayenne, où elle est entrée le 9 mars. Cette goëlette se trouvait le 8 février, vers dix heures et demie du matin, à 20 lieues au sud-est de la Martinique, lorsqu'une secousse pareille à celle qu'occasionnerait la rencontre d'une roche sous-marine s'est fait sentir à bord ; le capitaine, croyant voir touché, s'était précipité dans la cale du navire pour y reconnaître les avaries et y porter remède.

M. Itier a cherché à tirer, des diverses heures auxquelles ce phénomène s'est fait sentir dans les lieux qu'il cite, des conséquences sur le mode de propagation de cette commotion à travers le sol; on n'a malheureusement pas l'heure bien exacte de la secousse éprouvée à Charlestown, on sait seulement que c'est vers dix heures et quelques minutes du matin; mais à Antigoa, à la Guadeloupe, à la Martinique et à Marie-Galante, il était dix heures trente-cinq minutes et à Cayenne et à Travo onze heures vingt-cinq minutes; différence cinquante minutes. En en retranchant trente-sept minutes pour les 9°15 de longitude Est de Cayenne par rapport à la Guadeloupe, il reste encore treize; ainsi la commotion, en en supposant le centre principal à la Guadeloupe, aurait mis, en suivant un grand cercle de la sphère terrestre, treize minutes à se propager jusqu'à la côte de la Guyane française, distante d'environ 260 lieues; ce serait, en supposant un mouvement uniforme, trois minutes par lieue marine ou 1,850 mètres environ par seconde, c'est-à-dire cinq fois et demie la vitesse de la transmission du son dans l'air.

Nous ferons suivre ces détails intéressants donnés

par M. Itier d'une note non moins intéressante, communiquée par MM. de Chassaing et de Lauréal, habitants de la Guadeloupe.

La durée du tremblement a été jugée de une et demie à deux minutes, et, au moment où il a eu lieu, la terre a semblé couverte d'une espèce de vapeur qui s'élevait à peu de hauteur. Quelques personnes prétendent avoir senti l'odeur du soufre brûlé. On sait que les secousses étaient accompagnées d'un bruit si violent que l'on n'entendait pas celui des vases et autres objets tombant à terre. Pendant les secousses, des eaux vives jaillirent dans des endroits qui en avaient été dépourvus jusqu'alors. On a remarqué que des puits débordèrent pendant plusieurs jours et qu'ils donnèrent des eaux douces au lieu d'eaux saumâtres comme par le passé. Ce dernier fait a eu lieu dans presque toute la Basse-Terre et a frappé tous les habitants de la Pointe-à-Pitre. Une mare, située sur un plateau élevée, que l'on avait desséchée peu de temps avant, au moyen d'un percement à travers un banc d'argile très puissant, s'est remplie de nouveau, mais momentanément et pendant quelques jours seulement. Des phénomènes contraires ont eu lieu presque dans les mêmes localités. Des sources se sont taries, et les eaux n'ont pas encore reparu, notamment autour de l'habitation Beaumont.

Le cours d'une rivière a été détourné en plusieurs endroits, mais par éboulement de rochers voisins et non par soulèvement, comme quelques personnes l'ont pensé. Il y a eu affaissement sensible du sol du côté de la ville de Sainte-Anne. L'eau de la mer s'est avancée jusqu'au pied des maisons dont elle était auparavant assez distante, et les habitants ont craint que la ville ne fut submergée. Pendant le tremblement, des fissures profondes se sont faites, et toujours perpendiculairement à la direction, suivant laquelle les mouvements se sont produits (1).

Les journaux apportés à Dublin par la *Xariffa*, venant des Barbades, renferment les nouvelles qui suivent :

« A Saint-Thomas, la secousse du tremblement de terre du 8 février a été ressentie à dix heures trente minutes du matin ; point de malheurs à déplorer.

(1) *L'Institut*, 23 novembre 1843, p. 403-404. *Bulletin de la Société géologique.*

« A Tortola, le choc a été plus fort. Il a commencé à dix heures trente minutes et a duré quatre minutes ; point de dégâts à déplorer.

« A Saint-Tritts, le choc a duré trois minutes. Toutes les maisons ont été ébranlées.

« A Neris, le dommage causé par la secousse est très grand. Les pertes ne s'élèvent pas à moins de 50.000 livres sterlings. La douane, les bains, les tribunaux et tous les moulins de l'île (excepté deux) sont renversés.

« A Monserrat, la secousse a duré deux minutes. Tous les moulins ont été renversés, ainsi que les sucreries. Six personnes ont perdu la vie. Toutes les maisons sont lézardées du haut en bas. De larges fissures se sont ouvertes sur le flanc des collines environnantes.

« A Antigoa, les désastres sont encore plus grands. Toutes les églises et les moulins sont détruits. Le dock-yard et toutes les maisons de l'île sont grandement endommagées. La grande citerne qui contenait 11,000 tonnes d'eau s'est ouverte avec un craquement affreux. La secousse a duré quatre minutes. Quarante personnes ont été tuées.

« A la Guadeloupe, le désastre est si grand que récit brise le cœur.

ROUTE DE L'ALMA. — FORT-DE-FRANCE

« La Pointe-à-Pitre n'existe plus. On évalue à 6,000 le nombre des morts.

« A la Dominique, on a ressenti une secousse très violente, sans qu'elle ait causé de dégâts.

« A Sainte-Lucie, une petite secousse.

« A Berbic, de même.

« A Porto-Rico, rien (1). ».

Au Français (Martinique), le 17 février 1843.

« La présente ayant été retardée par le défaut d'occasion, c'est, mon bon ami, sous l'empire des vives émotions que nous venons d'éprouver le 8, par un violent tremblement de terre, que j'achève de vous écrire ces lignes. Nous nous estimons heureux d'avoir été quittes, à la Martinique, pour la peur, causée par l'un des plus longs tremblements de terre dont on se souvienne, et que j'ai été à même d'étudier cette fois. J'étais à me promener sur ma terrasse avec mon fils aîné et un ami, lorsque nous sentîmes et nous vîmes la terre onduler sous nos pas, comme les vagues de la mer, pendant environ deux minutes. Il faut avoir été témoin d'un pareil événement pour s'en faire une idée... Heureusement qu'il n'y eut cette

(1) Journal *la Phalange*, 26 mars 1845.

fois que des secousses d'oscillation, ce qui ne nous a causé fort peu de désastres ; les hautes cheminées de nos sucreries furent renversées et quelques maisons légèrement lézardées ; mais nous tremblions fort pour le Fort-Royal et Saint-Pierre, dont nous reçûmes des nouvelles le soir même, nous apprenant que le ciel les avait épargnés.

« Cette fois, toutes nos pendules s'arrêtèrent à dix heures trente-cinq, heure si fatale aux malheureux habitants de la Pointe-à-Pitre (Guadeloupe), dont le tiers de la population a été englouti sous les maisons, ainsi que vous verrez, par les détails que je joins à la présente et qui exciteront toutes les sympathies des âmes sensibles.

..... « Mais ce qu'il y a de plus touchant dans cette déplorable circonstance, c'est le sublime élan de toute la population de la Martinique à secourir de si grandes infortunes par des souscriptions spontanées et dont les produits ont été si abondants, que la seule commune du François a fait, en un jour, plus de 10,000 francs en espèces et l'envoi d'un sloop chargé de toutes sortes de vivres. Il n'est pas jusqu'à nos esclaves qui ont présenté leurs modestes offrandes. Mon fils m'a mandé que les ateliers de mes deux habitations lui ont apporté une somme de cent vingt-huit francs. Cela console et soulage le cœur. Enfin, ce serait trop long s'il fallait vous raconter les étranges phénomènes qui se reproduisent à chaque tremblement de terre; ils déroutent la science et les calculs des pauvres humains (1). »

Ouragan du 16 juillet 1844

Le 16 juillet, à dix heures et demie du soir, on a ressenti une assez forte secousse de tremblement de terre à Saint-Pierre, Martinique (2).

Ouragan du 31 août 1844

On apprend par la voie de l'Angleterre qu'une secousse de tremblement de terre a été ressentie dans quelques-unes des Antilles. Heureusement on n'a pas eu à déplorer de grands désastres (3).

Ouragan du 6 octobre 1845

Lundi dernier 6 du courant, à onze heures du soir,

---

(1) *Extrait d'une lettre de M. Brière de l'Isle, correspondant à la Martinique, à M. Guillery, président de la Société industrielle d'Angers.* — Séance du 13 mars 1843, p. 189-193, t. XIV, année 1843.
(2) *National*, 23 août 1844.
(3) *National*, 13 octobre 1844.

une grande partie de la population de Saint-Pierre a été réveillée par une forte secousse de tremblement de terre que la chaleur excessive que nous éprouvons depuis quelques jours faisait pressentir; la secousse a été longue, les oscillations ont eu lieu de l'est à l'ouest, le ciel était magnifique et le temps très calme. Nous sommes heureux de n'avoir à enregistrer aucun désastre (1).

Ouragans du 16-17 décembre 1845

Nouveaux tremblements de terre à la Guadeloupe. A la Guadeloupe, dans la nuit du 15 au 17 décembre dernier, à deux heures dix minutes du matin, la terre a tremblé violemment, sans toutefois causer aucun désastre.

Il y a eu deux secousses rapides et très rapprochées, accompagnées d'un bruit souterrain semblable à celui que produisent des voitures pesamment chargées en roulant sur une voie pavée.

Les navires sous voiles, dans la mer des Antilles, ont éprouvé ces deux secousses. *On les a ressenties à la Martinique*, qui gît à trente lieues au Sud et l'on

---

(1) *Les Antilles*, 8 octobre. *National*, 15 novembre 1845.

assure qu'elles se sont prolongées au Nord jusqu'aux États-Unis.

La soufrière de la Guadeloupe est demeurée en dehors de ces phénomènes. Ses fumeroles n'ont point augmentées et rien ne paraît être changé dans l'aspect de ces cratères (1).

. . . .

Martinique, le 23 décembre.

Encore un tremblement de terre. Nous en avons ressenti une secousse assez forte, qui a duré environ quinze secondes, le 17 de ce mois, vers deux heures du matin; le temps était superbe, un clair de lune magnifique et pas le plus léger nuage. Nous en avons été quittes cette fois pour la peur (2).

Ouragan du 1er janvier 1848

Le 1er janvier vers minuit, à Saint-Pierre, Martinique, une forte secousse sans dégâts; elle ne s'est pas renouvelée (3).

---

(1) *Epoque*, 19 février 1846, 3e page.
(2) *National*, 29 janvier 1846.
(3) Mémoire, Académie de Dijon, 1849, p. 8.

Ouragans du 1ᵉʳ et du 2 mars 1851

Le 2 (nuit du 1ᵉʳ), 1 heure 35 du matin, à Saint-Pierre et Fort-de-France (Martinique), deux secousses assez fortes mais sans dommage (2).

Ouragan du 8 avril 1851

Le 8, vers 9 heures du matin, à la Martinique, une secousse sans dommages. Durée trois secondes, direction du sud au nord (1).

Ouragan du 1ᵉʳ juin 1851

Juin. Le 1ᵉʳ juin, à Saint-Pierre (Martinique), tremblement (3).

Ouragan du 5 août 1851

Saint-Pierre (Martinique), le 6 août.

Le 5, éruption de la montagne Pelée, volcan que l'on croyait éteint. Ce phénomène a été précédé

---

(1) Mémoires, Académie de Dijon, 1851, t. I, 2ᵉ série, p. 22.
(2) Mémoires, Académie de Dijon, année 1852-53, 2ᵉ série, t. II, p. 12.
(3) Mémoires, Académie de Dijon, p. 57, année 1852-53, 2ᵉ série, t. II.

d'un bruit pareil au tonnerre et de violentes vibrations du sol.

Nous avons été réveillés par un bruit sourd qui a duré jusqu'à quatre heures du matin. Au jour nous avons vu trois colonnes de fumée s'élever de la montagne Pelée. L'une d'elles était noire comme celle d'un bateau à vapeur, mais dix fois plus forte que celle de notre frégate. Les deux autres étaient de fumée blanche. Je n'avais jamais rien vu de si imposant. La ville est toute couverte de cendre grise.

Beaucoup de personnes se sont rendues sur la montagne, mais n'ont pu y arriver que le soir. Nous n'avons pas eu de tremblement de terre, mais les habitants du voisinage déclarent qu'ils ont été chassés de chez eux par l'odeur du soufre et par la crainte du danger que leur inspirait le voisinage de l'éruption.

La montagne Pelée, qui s'élève à environ 4,438 pieds anglais (1.353 mètres au-dessus du niveau de la mer), est située dans la partie nord de l'île. C'est de ce Morne que jaillissent la plupart des sources qui arrosent la Martinique, et, bien qu'elle présente tous les aspects intérieurs d'un volcan éteint, la tradition n'a pas conservé la mémoire d'éruptions antérieures à celle du 5 août 1851.

Comme on a toujours remarqué, ajoute-t-on, une sorte d'identité d'origine entre les éruptions volcaniques et les tremblements de terre, l'éruption du mont Pelée pourrait bien être la fin de cette crise, dont les débuts ont été marqués par de nombreuses secousses qui se sont fait sentir à la Martinique et surtout à la Guadeloupe. C'est là une opinion généralement accréditée.

Des averses torrentielles continuaient à inonder la Martinique; les anciens du pays ne se rappellent pas avoir vu, à aucune époque, la pluie tomber pendant si longtemps et avec une telle abondance. Le 11 août, le temps était tellement menaçant que le vapeur qui fait les voyages entre Fort-de-France et Saint-Pierre n'avait pas osé descendre dans l'après-midi. On craignait un coup de vent (1).

Ouragan du 15 août 1852

Le 15, à quatre heures quarante minutes, à la Martinique, secousse de l'ouest à l'est de peu de durée et sans dommage (2).

(1) Mémoires, Académie de Dijon, pages 35 et 36, années 1852-53, t. II, 2ᵉ série.
(2) Mémoires, Académie de Dijon, t. II, série 2, années 1852-53, p. 99.

Ouragan du 7 mars 1853

Le 7, vers deux heures du matin, à Saint-Pierre-Martinique, une légère secousse.

« Une observation à faire, dit la *France d'Outre-Mer*, est que ce phénomène n'a été précédé d'aucun des symptômes qui d'ordinaire le font pressentir. Nous jouissions en ce moment d'une température très fraîche, et, depuis plusieurs jours, nous avons eu une succession de bourrasques qui nous ont amené de fortes pluies. On remarque que les tremblements de terre sont précédés, dans nos climats, de pesantes chaleurs et d'un calme absolu (1). »

Ouragan du 10 août 1855

La tempête qui s'est fait sentir au nord des Antilles n'a pas épargné les navires qui se trouvaient dans la rade de Saint-Pierre (Martinique).

Dans la nuit du 10 au 11 août, à onze heures vingt-cinq minutes, on a ressenti, à Saint-Pierre une secousse de tremblement de terre. Le phénomène a eu lieu après un fort grain de pluie, le temps était lourd (2).

(1) Mémoire, Académie de Dijon, p. 11, année 1854, série 3
(2) *Pays*, 22 septembre 1855.

Ouragan du 24 février 1858

Les derniers avis de la mer indiquent que des secousses assez prononcées de tremblement de terre se sont fait sentir le 24 février dans les possessions françaises et étrangères de la mer des Antilles.

A la Martinique, deux secousses consécutives ont eut lieu à quatre heures neuf minutes du matin. Elles ont été fortes, assez prolongées, et se sont manifestées dans la direction du Nord au Sud. A la Guadeloupe, une secousse unique a eu lieu à quatre heures précises. Elle a été longue et s'est produite dans la direction de l'Est à l'Ouest.

On n'a eu à déplorer aucun accident. La manifestation de ce phénomène a produit une vive impression sur les populations; depuis, on n'a observé aucun indice qui puisse faire craindre son retour (1).

Ouragan du 18 mars 1858

Le 18, à trois heures du matin, à la Martinique, deux violentes secousses du nord au sud. La nuit était belle, le ciel pur. Peu après les secousses l'ho-

---

(1) Journal *Le Nord*, mardi 28 mars 1858.

rizon s'est chargé ; un brouillard épais, venant du nord, s'est étendu sur la ville, et des grains nombreux se sont succédés jusqu'à une heure avancée de la matinée. Les secousses commencent à inspirer des inquiétudes par leur violence et leur intensité. Cette dernière phrase me fait supposer qu'il y en a eu d'autres qui me sont encore inconnues (1).

A cette nomenclature, il faut joindre celle des observations de 1857 à 1860.

M. Teisserenc de Bort, président de la Société de Météorologie, qui a bien voulu me la communiquer, a dû se livrer, pour la recueillir, à de nombreuses recherches dont je ne saurais trop le remercier.

Par malheur, il lui a été impossible de me donner plus de détails sur ces ouragans et de compléter les documents jusqu'en 1891, aucun travail de groupement n'ayant été fait depuis celui de M. A. Poey.

Observations faites de 1857 à 1866 à Fort-de-France et à Saint-Pierre (Martinique)

26 août 1854.

Baisse rapide du baromètre, l'ouragan rase l'ile et va s'abattre sur Porto-Rico.

(1) Mémoires, Académie de Dijon, année 1854. série 3, page 13.

24 mai 1857.

Dans la nuit, raz de marée.

22 juin 1857.

Le soir, raz de marée.

2 septembre 1857.

Raz de marée pendant la nuit et la journée.

18 au 26 octobre 1858.

A la suite de vents violents, nombreux raz de marée. (Voir précédemment l'ouragan du 18 mars 1858. C'est le même).

13 octobre 1859.

Coup de vent violent.

18 octobre 1859.

Baisse rapide du baromètre (3^{mm}3) et coup de vent.

27 et 28 novembre 1859.

Raz de marée sans dégâts.

3 octobre 1862.

Ouragan passant près de la Martinique.

22 au 23 avril 1865.

Orage d'une extrême violence, causant de très grands dégâts, éclate dans la nuit.

29 décembre 1865.

Le soir, coup de vent violent du Nord-Est.

21 août 1866.

Baisse barométrique de 8^{mm}3, vent violent du Nord-Est.

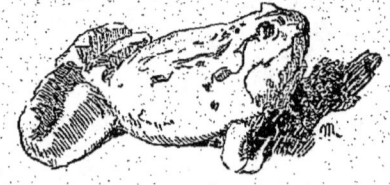

Un Mot de Définition

SUR LES PHENOMÈNES CYCLONAUX ET SISMIQUES

Dès la découverte de la Martinique et sa prise de possession, l'attention se porta, avec une curiosité pleine de terreur, sur ce climat singulier, fait de magie et d'épouvantes, où la splendeur imposante et féconde d'une nature aux ravissements extatiques côtoie la crainte de voir la terre s'entr'ouvrir ou un cyclone se déchaîner.

Dans son *Histoire générale des Antilles*, le Père Dutertre donne, le premier, une explication naïve et touchante dont la concision met en saillie l'effroi de ces terribles catastrophes. Morceau d'éloquence charmant et vivant, qui plaît comme une page de Rabelais et peint comme le pinceau de Velasquez :

« Les agitations de l'air (1) assez étranges dont
« les premières sont les oüragans; les secondes
« les puchots, et les troisièmes les raffales qui sont
« assez communes en France.

DES OURAGANS

§ I

« Les ouragans sont de très horribles et très
« violentes tempêtes, qu'on pourrait nommer de
« vraies images de l'incendie finale et destruction
« générale du monde. Ils arriuent pour l'ordinaire
« de cinq en cinq ans, ou de sept en sept ans et
« presque tousiours sur la fin de l'Hyuer ; c'est-à-
« dire, depuis le commencement d'Aoust iusqu'à
« l'amy-septembre et se forment de cette sorte.

(1) *Des ouragans*. Du Tertre, II, p. 108 et suivantes.

« On voit pour l'ordinaire la mer deuenir tout à
« coup calme et vnie comme vne glace, sans faire
« paroistre le moindre petit soufflemēt de ses
« Ondes sur sa surface ; puis, tout incontinent,
« l'air s'obscurcit, se remplit de nuages épais, et
« s'entreprend de toutes parts ; après quoy il
« s'enflamme et s'entriouure de tous costez par
« d'effroyables esclairs, qui durent assez long-
« temps ; il se fait ensuite de si estranges coups de
« tonnerre, qu'il semble que le ciel tombe par
« pièces et que le monde veüille prendre fin. La
« terre tremble en plusieurs endroits, et le vēt
« souffle auec tant d'impétuosité qu'il déracine
« les plus beaux et les plus grands arbres des
« forêts, abat presque tous les maisons, arrache
« tous les viures, ruine tout ce qui paraist sur la
« terre et contraint bien souvent les hommes de
« se tenir, pendant cette épouvantable tempeste,
« à des souches d'arbres, afin de se guarantir d'être
« emportés par les vents : Mais ce qu'il y a de
« plus dangereux, et qui cause le plus grand
« dommage, est qu'en vingt-quatre heures, et
« quelquefois en moins de temps, il fais le tour du
« Compas, ne laissant Rade ny aucun Hâvre à
« l'abry de ses outrageuses impétuositez ; de sorte
« que tous les nauires qui sont pour lors à la
« coste, périssent mal-heureusement, sans qu'au-

« cun de ceux qui sont dedans puisse se sauuer.

« Cette bourrasque pascée, on peut contempler
« le plus triste spectacle qu'on se plaise imaginer.
« On voit les pans et les pièces des montagnes
« croüllées et fendües par les tremblements de
« terre, les forests renuersées, et les maisons
« abattües par la violence des vents ; quantité de
« pauures familes ruynées par la perte des biens
« de la terre et des marchandises qu'ils auaient
« dans leurs cases, desquelles ils sauuent très
« peu de chose. On voit grand nombre de beaux
« vaisseaux brisez et fracassez contre les escüeils,
« tous les pauvres matelots noyez, les vns roulans
« dans les ondes, les autres à moitié enfoüis dans le
« sable de la riue ; en un mot, c'est une chose tel-
« lement triste et tellement déplorable, que si le
« désordre arrivait souvent, ie ne sçay qui aurait
« le cœur et le courage d'aler aux Indes.

. . . .

DU PUCHOT

§ II

« Le puchot est vn certain tourbillon de vent,
« qui se forme dans vne nüe opaque trop arda-
« ment échauffée par les rayons du soleil. On voit
« sortir de cette nüe comme une corne d'abon-

« dancé composée de la matière de la mesme nüe,
« dans laquelle ce tourbillon est enfermé et cette
« corne descend en tournoyant, sans toutefois
« quitter la nüe, iusqu'à tremper son extrémité
« dans la mer ; et elle aspire et enlèue, ie ne sçai
« par quelle vertu, plus gros qu'vne maison
« d'eau, et la porte si haut dans l'air, que si à sa
« recheute elle rencontroit vn nauire sous elle,
« quelque puissant qu'il pust estre, il serait en
« danger de périr.....

. . . .

DES RAFALLES

§ III

« Rafalle est vne certaine bouffée de vent, qui
« s'engendre dans les lieux les plus marescageux,
« et comme ie crois, des poids vapeurs qui s'élè-
« uent du creux des valées, lesquelles étant
« repoussées par la chaleur de l'air, se roulent de
« çà et delà, auec autant d'impétuosité que d'in-
« constance ; et enfin, se précipitent du haut des
« montagnes dans la mer, et appuyent si rude-
« ment sur les voiles des vaisseaux que si on n'est
« bien diligent à baisser les huniers et larguer les
« écoutes, on est au risque de perdre des masts,
« ou de sombrer sans criés.

. . . .

Et à côté de cette description nette, à laquelle il ne manquait que le développement de la science, par malheur encore inacquis, les légendes se greffaient sur la superstition.

Les premiers colons n'étaient pas gens lettrés. Ils savaient manier beaucoup mieux la dague et le mousquet, sans compter l'égoïsme, que la subtile délicatesse des instruments astronomiques.

Aussi, les fables caraïbes trouvèrent-elles en ces gens dépourvus d'instruction, pour la plupart — la plupart, car toutes les classes de la société se coudoyaient, comme plus tard en Californie — un terrain dans lequel elles germèrent avec une effrayante fécondité.

Le génie *Tuira* (1) tenait entre ses mains le secret des ouragans, renfermait leur fureur en des cavernes situées au milieu des entrailles de la terre ou prisonnières au plus profond des eaux; et, égal à la fois à Jupiter tonnant, à Neptune en courroux et à Éole en furie, il lançait sur la terre, contre ses désobéissants sujets, le déchaînement de leur colère.

Naturellement les prêtres de Tuira possédaient

---

(1) *Benzoni*, liv. I, cap. x; *Oviedo*, cap. x; *Herrera*, liv. IX, cap. v; *Dommar*.

des recettes pour prédire l'approche des tempêtes, et savaient les moyens d'apaiser l'ire divine.

D'après ce que la tradition a pu apporter jusqu'à nous de cette histoire qu'hélas! on ne connaîtra jamais, il résulte que l'influence des lévites de Tuira était immense.

La preuve s'en est retrouvée dans l'écho qui résonnait dans le cœur des aventuriers conquérants, notamment dans celui des Espagnols. Ils étaient persuadés que la main du Diable pouvait seule produire autant de mal, et se prêchaient les uns les autres, avec une gravité d'hidalgo, que certainement Tuira, une sorte de Belzébuth, de Léviathan ou de Lucifer, fuyait devant l'apparition glorieuse du Saint-Esprit ; et, qu'incapable de lutter contre la puissance de la Sainte-Trinité, il ravageait les Antilles, de rage d'être forcé de quitter la place.

Durant des jours, des années, des siècles! cette légende se perpétua, se transformant, s'accroissant de détails à faire frissonner les plus braves sous la paillotte des cases, et aussi s'affaiblissant au fur et à mesure que la lumière pénétrait plus avant dans les campagnes. Notons, en passant, qu'il n'est pas encore bien certain que le souvenir de Tuira se soit effacé de l'esprit des bonnes gens qui habitent le fin fond des campagnes que celui du grimoire du pape Honorius dans beaucoup de nos villages. Il existe bien des rebouteux à Paris, pour spéculer et s'enrichir de par la crédulité des innocents qui affluent des bourgades les plus reculées !

Ne souriez pas ! l'un d'eux exerce aux alentours des Halles, un second pas bien loin de Vincennes, et un troisième à Vaugirard.

Les esprits les plus simples qui habitent la montagne Pelée ou le Morne-Orange, sont donc excusables de superstition, puisque non seulement des paysans enfoncés dans la matière, des boutiquiers ayant pignon sur rue, et mieux encore, des gens d'une certaine éducation, en sont fautifs.

En suivant l'ordre naturel et chronologique des choses, il devait arriver et il arriva que la science, mise en éveil par ces contes à tenir les nourrissons en éveil, et aussi appelée par les travaux de voyageurs tels que le Père Dutertre et le Père Labat, entra en campagne.

M. Moreau de Jonnès, officier du plus grand mérite, membre de l'Académie des sciences, s'adonna particulièrement à l'étude des phénomènes cyclonaux et sismiques, et parvint à donner la plus belle page qu'il soit possible sur les météores :

« Les premiers habitants des Antilles françai-
« ses (1) croyaient qu'avant leur arrivée dans cet
« archipel, l'ouragan était soumis dans son retour
« à une certaine périodicité, que cet intervalle était
« de 5 ans selon les unes et de 7 ans selon les
« autres.

    64 ouragans aux Antilles
     1 fin 15^e
     6 — 17^e
    18 — 17^c
    31 — 18^e
     8 — 1/5 du 19^e

« Il est renfermé dans des limites qu'il ne dé-
« passe jamais ; il se développe exclusivement
« dans la mer des Caraïbes, dont le vaste bassin est
« formé, au sud et à l'ouest par le littoral de Vene-
« zuela, de Costa-Rica, du Honduras et du Yucatan ;
« et borné au nord et à l'est par les grandes et les
« petites Antilles.

« Ses ravages s'étendent sur tout l'archipel,
« mais les rives du continent n'y sont point sou-
« mises et même les îles qui en sont à peu de dis-
« tance, échappent à ces effets désastreux. D'où il
« suit qu'il n'appartient pas à une cause générale,
« comme les phénomènes du climat, qui sont les
« mêmes sous des parallèles identiques et dans
« des lieux peu distants... d'où l'on peut induire

« qu'il est le résultat de causes locales et géologi-
« ques dont la sphère est d'une étendue fixe et dé-
« terminée.

. . . .

IIe SECTION

« La mer des Antilles où l'ouragan déploie ex-
« clusivement sa puissance est une immense vallée
« sous-marine, dont la plus grande largeur du
« nord au sud entre Cuba et Panama est d'environ
« 250 lieues ; la plus grande étendue de l'est à
« l'ouest, depuis les îles du Vent jusqu'au Yuca-
« tan, est d'à peu près 530 lieues. Deux chaînes de
« montagnes l'environnent ; l'une continentale,
« l'autre insulaire. La première se forme des mon-
« tagnes de Venezuela, de Sainte-Marthe, du Da-
« rien et de la Nouvelle-Espagne. La seconde
« constitue le massif minéralogique des grandes
« et des petites Antilles : les sommets de celle-ci
« n'atteignent pas à une hauteur de plus de
« 2,000 mètres et la température qui y règne est
« au-dessus de 10° centésimal. La chaîne continen-
« tale appartient aux plus hautes montagnes du
« globe ; des prés, couverts de neiges éternelles, s'é-
« lèvent sur son énorme massif, où, à 4,872 mètres,
« le mercure tombe à 0.

« Vers leurs extrémités, l'une et l'autre se rap-

« prochent, comme pour former, du couchant au
« levant, l'enceinte de l'immense bassin qui est
« ouvert devant elles. D'un côté, le grand saillant
« occidental de l'île de Cuba, terminé par le cap
« Saint-Antoine, s'avance vers le Yucatan et ne
« laisse, entre la mer des Antilles et le golfe du
« Mexique, qu'un passage dont la largeur est à
« peine de 45 lieues. De l'autre, les soixante îles
« Caraïbes, que les volcans sous-marins ont pro-
« jetées, depuis la Trinitad jusqu'à Saba, opposent
« leur digue aux flots de l'Atlantique équatoriale,
« et en interceptent donc plus de la moitié de ce
« vaste espace. Il suffit d'examiner rapidement
« quelles solutions de continuité existent dans le
« littoral de la mer des Antilles, et quels sont
« leurs rapports avec les courants pélagiques,
« pour montrer, contre l'opinion commune, que
« cette mer n'est point libre et ouverte à la masse
« des eaux de l'Océan et à toutes ses impulsions ;
« et que de sa ressemblance avec la Méditerranée,
« résultent des circonstances physiques, qui con-
« courent essentiellement à la formation des ou-
« ragans.

« On sait que, dans l'Atlantique intertropicale,
« un courant général emporte toutes les eaux
« d'Orient en Occident ; celles qui affluent vers la
« mer des Antilles ne proviennent pas seulement

« de la partie de l'Océan, comprise sous les latitu-
« des de ces îles, entre le 10e et le 18e parallèles ;
« des expériences multipliées prouvent que jus-
« qu'au delà de l'équateur, la masse des eaux qui
« a traversé le grand bassin, ouvert entre l'Afrique
« et l'Amérique méridionale, se dirige le long du
« Brésil et de la Guyane jusqu'aux îles Caraïbes.
« Ici, cet immense courant, qui doit alimenter la
« mer des Antilles, s'y précipite par seize dé-
« troits principaux : sa largeur, qui était de
« 140 lieues en lignes droite, est réduite de plus
« d'un tiers, par le massif des grandes montagnes
« insulaires qui forment l'archipel ; elle-même est
« restreinte à moins de la moitié de son dévelop-
« pement sur l'arc que décrit la chaîne des Antil-
« les, puisque ces îles déploient une étendue de
« terres qui barrent son cours, dans un espace de
« 48 lieues, et que l'ensemble de la largeur des
« détroits ouverts entre elles, n'en a pas 90°.

« Si l'on compare à la plus grande extension de
« la mer des Antilles, l'étendue des ouvertures
« par lesquelles elle reçoit ses eaux, on trouve
« qu'elle acquiert, entre l'île de Cuba et Verto-
« Belle, une largeur triple de l'ensemble de tous les
« canaux affluents ; et que de l'est à l'ouest, entre la
« Martinique et le Yucatan, sa longueur est sextuple
« de l'étendue, en largeur, de ces mêmes canaux.

« Cette masse d'eau, dont la surface n'a pas
« moins de 92,000 lieues, est entraînée, par un
« mouvement plus ou moins rapide, vers le golfe
« du Mexique ; mais le passage par lequel elle doit
« entrer n'ayant qu'une largeur de 45 lieues, il
« forme une issue moindre de moitié que l'étendue
« de ses droits, qui servent d'entrée aux eaux af-
« fluentes ; et sa largeur qui est cinq fois moins
« grande que celle du courant dans sa plus vaste
« expansion.

« Ainsi, toutes choses étant supposées égales
« d'ailleurs, il entre, dans la mer des Antilles, par
« les seize détroits qui séparent ces îles, la moitié
« plus d'eau qu'il n'en sort par le passage ouvert
« entre les caps Catoche et Saint-Antoine, et la
« largeur du courant de cette mer est cinq fois plus
« grande que son issue dans le golfe du Mexique.

« Ces circonstances, dont le rapprochement est
« échappé jusqu'à présent à l'observation, sont les
« causes des phénomènes pélagiques et atmosphé-
« riques, dont l'histoire se lie, par tant d'événe-
« ments malheureux, avec celui des Indes occi-
« dentales.

« Tant que le soleil demeure éloigné de la mer
« des Antilles, l'influence qu'exerce sur l'atmos-
« phère le mouvement de rotation du globe,
« n'éprouve point de grandes perturbations : les

« vents d'est, dominant sur l'Atlantique équato-
« riale, accélèrent le courant de la mer Caraïbe,
« qui gît dans une direction générale semblable à
« la leur ; et il paraît qu'à cette époque de l'année,
« la vitesse plus ou moins grande de ce courant
« peut compenser le rétrécissement auquel il est
« soumis dans le détroit des Antilles et dans celui
« de Yucatan. Il a été expérimenté, en effet, que
« dans le canal ouvert entre la Martinique et
« Sainte-Lucie, il acquiert alors une rapidité dou-
« ble de celle avec laquelle il se meut à cent lieues
« au vent de l'archipel ; et les marins habiles nous
« ont donné l'assurance qu'au large du cap Corien-
« tos entre Cuba et le Yucatan, cette rapidité est,
« dans cette saison, près de quatre fois plus
« grande.

« Pendant toute la période hivernale, l'atmos-
« phère se conduit régulièrement. Point ou peu de
« tonnerre ; pas de tempêtes à redouter.

« Cet état de choses éprouve un changement gra-
« datif à mesure que le soleil s'avance de l'équateur
« vers le tropique du Cancer ; cependant la pré-
« sence de cet astre au Zénith de l'Archipel, depuis
« le 20 d'avril jusqu'au 1er juin, ne produit point le
« maximum d'effets qui en résulte un mois plus
« tard... Lorsqu'après avoir atteint le tropique, le
« soleil passe une seconde fois sur les Antilles,

« dans le cours de sa marche rétrograde, la durée
« prolongée de son action sur la mer Caraïbe,
« jointe à l'ensemble des circonstances géologi-
« ques et pélagiques, produit une accumulation
« extraordinaire de calorique, dans le bassin de
« cette mer, et fait naître les grands phénomènes
« qui s'y développent.

« Pendant cette période, qui s'étend du com-
« mencement de juillet à la fin de septembre, la
« température moyenne de l'air s'élève, à l'ombre,
« au niveau de la mer, au 29° centésimal et au soleil
« au 36°. L'hygromètre a pour terme moyen le 93°,
« ce qui suppose entre 24 et 25 grammes de va-
« peurs aqueuses, par mètre cube d'air; l'évapo-
« ration journalière est de 3 millimètres à l'om-
« bre et de 9 au soleil ; la quantité moyenne
« de pluie est, sur le littoral, de 25 centimètres
« par mois ; les vents sont constamment orageux
« et variables, et le tonnerre se fait entendre pen-
« dant le tiers ou la moitié de cette saison mena-
« çante ou funeste.

« Il est évident que des effets semblables et
« également puissants se développeraient dans
« toutes les contrées de la zône torride, s'ils avaient
« uniquement leur cause dans l'action solaire ;
« puisqu'il n'en est point ainsi et que cette action
« ne s'exerce pas identiquement au Brésil et à la

« Guyane, que leur gisement soumet deux fois,
« chaque année, à l'influence du soleil au Zénith,
« il faut en conclure que ces effets résultent du
« concours de quelque cause locale. L'examen des
« phénomènes pélagiques confirme la vérité de
« cette indication.

« Par la réunion des circonstances géologiques
« et astronomiques, le grand courant de l'Océan
« Atlantique suit le mouvement du soleil, et se
« dirige, comme cet astre, d'Orient en Occident,
« et de l'équateur vers le tropique du Cancer. La
« température de ses eaux varie, dans chaque
« parage, non seulement selon le degré de chaleur
« de l'atmosphère en contact avec elles, mais
« encore selon celui qu'elles ont acquis précédem-
« ment par la durée plus ou moins prolongée de
« l'action solaire. Quand le soleil est dans l'hémis-
« phère austral, les eaux du courant sont, dans la
« mer Caraïbe, à leur minimum de température,
« parce qu'il en est ainsi de l'atmosphère, et en-
« core parce que la moitié du courant se diri-
« geant au sud, le long du rivage de l'Amérique
« méridionale, il n'y a qu'une partie seulement qui
« prenne son cours vers les Antilles, après avoir
« éprouvé la chaleur du soleil au Zénith. Tout au
« contraire, quand, au mois de juillet, cet astre
« revient du tropique du Cancer vers l'équateur,

« la température atteint, dans la mer Caraïbe, un
« terme singulièrement élevé, parce que les eaux
« sont en contact avec une atmosphère singulière-
« ment brûlante, et encore, pour que, depuis la
« ligne équinoxiale, leur masse ait été échauffée,
« dans tout son trajet, sur les rayons solaires, qui,
« du mois de mars jusqu'à celui de septembre, les
« dardent perpendiculairement.

« Toutefois, les eaux de la partie australe de la
« zone torride, dont la température s'est abaissée,
« pendant l'absence du soleil, continuant de fluer,
« dans le bassin de la mer des Antilles, leur mé-
« lange avec les siennes en diminue sensiblement
« la chaleur ; et il a été reconnu par plusieurs
« expériences, qu'il y avait entre elles une diffé-
« rence de plus de trois degrés centésimaux ; mais
« lorsque, dans les premiers jours de juillet, le
« soleil se trouve au Zénith du passage ouvert
« entre le Yucatan et l'île de Cuba, la raréfaction
« qu'il y produit détermine des vents de nord-
« ouest qui refoulent les eaux dans ce passage, et
« s'opposent à leur écoulement dans le golfe du
« Mexique.

« Une série de phénomènes importants résulte
« de l'obstacle qui arrête ainsi le courant équato-
« rial ; ses flots, repoussés des Antilles, heurtent
« avec violence leurs rivages et produisent ces

« tempêtes pélagiques qu'on nomme raz-de-ma-
« rée. Tout équilibre étant rompu entre les eaux
« qui s'écoulent et celles qui affluent, le niveau de
« la mer s'élève de plusieurs pieds ; les vagues de-
« viennent tumultueuses et d'une hauteur extra-
« ordinaire, dans les détroits qui séparent les
« Antilles, et où se rencontrent, dans des direc-
« tions opposées, le courant de l'Atlantique et
« celui de la mer Caraïbe, dans son cours rétro-
« grade. Le bassin qui remplit ce grand fleuve
« thermal n'étant plus alimenté par des eaux d'une
« température inférieure à la sienne, et celle-ci
« s'accroissant par la prolongation de la présence
« du soleil au Zénith, il en résulte une chaleur
« pélagique, excédant de plus de trois degrés la
« température atmosphérique, et surpassant de
« cinq celles des eaux du courant.

« Cette différence exerce sur l'atmosphère l'in-
« fluence la plus puissante ; l'immense quantité de
« calorique que l'air reçoit des eaux sur son con-
« tact avec leur surface, produit une raréfaction
« extraordinaire qui attire les vents furieux,
« elle élève, par l'évaporation, un océan de va-
« peurs qui retombent en pluies diluviales, et elle
« fait naître consécutivement les phénomènes
« mystérieux et terribles, dont l'électricité est le
« premier agent.

« Cet entraînement de circonstances physiques
« ne présente rien qui ne soit rigoureusement
« conforme à la marche ordinaire de la nature ; la
« chaleur de l'air s'augmente de toute celle qui lui
« est cédée par les eaux ; elle produit une grande
« raréfaction atmosphérique des vents du nord-
« ouest qui descendent des hautes montagnes du
« nouveau Mexique ; leur courant, dirigé entre les
« caps Catoche et Saint-Antoine, refoule celui de
« la mer des Antilles ; cette répulsion s'étend de
« proche en proche ; elle donne naissance aux
« raz-de-marée ; elle empêche les eaux de l'Atlan-
« tique d'entrer dans le bassin de la mer Caraïbe
« et d'en abaisser la haute température, par leur
« mélange ; la durée prolongée de ces causes
« change cette mer en un lac thermal ; la chaleur
« de l'air qui est moins grande que la sienne
« s'accroît, par elle, avec rapidité ; et la raréfac-
« tion qu'elle produit, ouvrant une vaste arène aux
« vents impétueux, ils s'y précipitent et marquent
« leur passage par la dévastation. »

Ces travaux remarquables, loin d'arrêter l'essor
scientifique, comme on aurait pu s'y attendre, après
une détermination des météores aussi étonnante et
aussi précise qu'elle paraissait devoir être la dernière,

ne firent au contraire qu'exciter l'esprit d'investigation.

Sans entrer dans le détail et rappeler les relations magnétiques qui lient les phénomènes terrestres entre eux, il est intéressant d'indiquer la contingence directe des typhons, des tornades et des ouragans, avec les aurores boréales et les perturbations de l'aiguille aimantée.

Les aurores boréales ne pouvant être que des émanations *visibles* des courants magnétiques, ce qui expliquerait les perturbations de l'aiguille aimantée lors de leur apparition, M. Boué s'est demandé si les tremblements de terre ne seraient pas liés aux aurores boréales et au magnétisme terrestre ? Dans cette hypothèse, les aurores boréales étant les émanations d'un énorme aimant, les tremblements de terre ne seraient, en partie, que les effets secondaires plus ou moins locaux du parcours du fluide magnétique. Du nord au sud ou du sud au nord on s'en éloigne fort peu. Partant de ce principe, il n'hésite pas à signaler que les remarques semblables s'appliqueront aussi, à peu près, aux orages, aux grands changements anémométriques, aux tempêtes gyratoires, aux typhons, aux trombes, aux étoiles filantes, aux bolides, aux aérolithes, lorsque les

FONTAINE DIDIER

catalogues soignés de ces perturbations terrestres nous auront fait sentir quels sont les rapports de coïncidence qui existent entre eux et les manifestations des taches solaires, du magnétisme terrestre et des aurores boréales. M. Boué fait également remarquer que l'influence de la température sur l'intensité des forces magnétiques ainsi que leurs variations journalières est un axiome scientifique. Brewster, Muncke et d'autres physiciens ont reconnu l'identité des isothermes et des isodynames, ainsi que l'analogie des isothermes et des points centraux magnétiques. Hansteen a signalé la coïncidence des lignes isoclines magnétiques avec les isothermes...

Les observations de Mutis, de Humboldt, de Boussingault..., tendent à établir que la saison des orages pour un lieu élevé entre les tropiques, commence précisément à l'époque où le soleil s'approche du zénith...

De là, discussion avec Olbers, de la Rive, d'une part, Vassalli-Eandy, Cotte, Toaldo, Lamarck, Van Swinden, Schübler, Pilgram, Flauguergues, Laplace, Bouvard d'autre part, et, en dernier lieu, avec Alexis Perrey.

Il résulta de tous ces débats que les phénomènes astronomiques se trouvent intimement liés en rapport de cause et d'effet avec les phénomènes terrestres, ce qui amena à conclure que les travaux des astronomes et des météorologistes devaient être poursuivis de concert, sous peine de faire fausse route (1).

Les travaux de M. A. Guillemin sont trop populaires, et la physique trop familière au public, pour qu'il soit nécessaire de reproduire la théorie proprement dite des cyclones.

Le coup d'œil d'ensemble, partant de la légende de Tuira pour aboutir à notre époque, en passant par Dutertre et Moreau de Jonnès, suffira pour esquisser à grands traits cette période unique dans l'histoire de la terre, qui montre que les souffrances des Antilles sont très probablement une nécessité pour le salut des continents, puisqu'en ce monde sublunaire existe un enchaînement mystérieux et mathématique à la fois, qui étonne et confond.

Et c'est donc avec une reconnaissance mêlée de pitié que nous tous, nous devons accueillir ces nouvelles terrifiantes, et secourir nos frères d'outre-mer.

---

(1) *Bull. de Météor.*, mai 1857, A Poey.

Mais, comme si ce n'était pas assez de cette série de cataclysmes pour navrer la population, peut-être la plus intéressante de nos colonies, l'histoire a marqué en lettres de sang l'avènement à la liberté de toute leur caste.

Personne n'ignore, à l'heure qu'il est, comment la Martinique se peupla et se civilisa.

Cent vingt-cinq ans après la découverte de Madagascar, par Paulmier de Gonneville, capitaine normand (1) — un de ses compatriotes, le sieur Belain d'Esnambuc, partait à l'aventure à bord d'un brigantin dieppois. Attaqué dans le golfe du Mexique par un navire espagnol, il lui échappa après une lutte héroïque (2). Mais il dut, pour réparer de graves avaries, relâcher à la première terre qu'il rencontra : c'était l'île de Saint-Christophe. En même temps que lui y débarquait sir Warner, un anglais.

A quelque temps de là, Belain d'Esnambuc formait un établissement à la Martinique.

De ce moment la guerre commence. Pour durer deux siècles, jusqu'après 1815. Pour le drapeau! Avec un dévouement et un patriotisme sans borne.

Et l'épopée héroïque commence. Une poignée d'hommes seule contre le soleil, seule contre l'Anglais, seule contre l'Espagnol, tient haut et ferme le pavillon de France.

Les Boucaniers apparaissent, héros de roman, fabuleux comme des mousquetaires, marins et soldats, ne vivant que pour la conquête et pour la résistance.

(1) *Rapp. à l'Emp.*, H. Bonnavoy de Prémot.— *Le Politique indien*, 1768.
(2) *Hist. générale des Antilles* Fernand Hue et Georges Hurigot.

Et à leur suite, les esclaves volontaires, leurs engagés, ceux qu'on appela, par dérision, les trente-six mois, du laps de temps pendant lequel ils s'abandonnaient à leurs maîtres, *Perinde ac cadaver!*

Pardieu! ceux-là menèrent une rude existence.

Férus d'aventures! Jaloux de conquérir dans le Nouveau-Monde une liberté qu'ils n'avaient pas dans l'Ancien, mais pauvres, mais incapables de payer un liard rouge de leur passage, ils acceptèrent en Europe, les yeux fermés, cette proposition tentante; en échange de la nourriture et du transport aux îles, de servir trois ans soit la Société, qui venait d'être fondée, soit les colons; — les Antilles manquaient de bras.

Ce premier essai d'immigration ne fut pas plus honnête que l'esclavage, ni que l'immigration moderne.

Moins pénible que la seconde elle fut presqu'aussi atroce que la première.

Pendant trois ans, l'engagé n'était qu'une chose. Si son maître possédait une habitation, il piochait la terre sous les ardeurs torrides du soleil, sans trêve, ni repos, — le plus souvent il en mourait; s'il échéait à un boucanier, il lui fallait suivre son patron terrible, moyennant la pitance presque partagée avec la meute. Comme les coups et les pires traitements étaient réputés seuls capables de le *dresser*, et que l'homme se retrouvait parfois sous l'enveloppe à face humaine brutalisée et abêtie, il n'avait pas le droit de posséder un fusil; sa seule arme était un couteau.

Quand, par miracle, il échappait à cet enfer, le trente-six mois se prenait à cultiver pour son compte. C'est à son sang et à ses sueurs que l'on doit le défrichement des Antilles. Les nègres ne sont venus qu'après.

Un beau jour, en effet, des rumeurs atteignirent l'Europe. On ne sait comment. La traite des blancs s'arrêta net.

Alors, une idée de génie, mais atroce, germa dans la cervelle d'êtres humains. Ils imaginèrent d'aller acheter du bois d'ébène, de la chair noire, en Afrique, et de vendre des hommes, à l'encan, sur les marchés des îles.

Il fallait bien boucher les vides.

Et il n'y eut personne pour s'élever contre cette infamie. Personne pour plaider la cause de ces pauvres gens qui n'avaient point de défense.

Et comme personne ne se souciait d'eux, qu'ils n'avaient nulle attache en ce monde, l'esprit qui avait présidé à l'immigration européenne, qui avait osé prendre des Français pour en faire des trente-six mois, s'acharna contre les esclaves.

Esclave marron poursuivi par les chiens.

Le jour, le travail. A toute heure les coups, la torture, la potence.

Des raffinements de barbarie insigne. L'éloignement des époux, la séparation de la mère et de l'enfant, sans compter les viols et les assassinats...

Chose si horrible, que le Code noir, une infamie légale, avait dû édicter des peines contre les maîtres !...

Et bien! malgré tout, les esclaves, les trente-six mois, se battaient quand il s'agissait de la France.

Pour eux, c'était jour de fête, lorsqu'il fallait prendre le mousquet et courir sus à l'Anglais.

Noirs et blancs, tous avaient l'amour de cette patrie, délaissée par les uns, inconnue pour les autres, comme par un pressentiment mystérieux.

Ils l'aimaient avec religion, devinant qu'elle serait un jour le Messie annonçant la Liberté, le Christ qui briserait les chaînes et proclamerait l'Égalité.

Et durant ces siècles maudits, courbés sous le fouet du Commandeur, ils sont demeurés face à face avec leur espoir indécis, mais pleins de ferveur, entre la tyrannie des hommes et la férocité de la nature.

Mais comme dans toute époque de transition et de transformation, une voix planait au-dessus des malheureux, des tressaillements sourds et violents éclataient dans la foule avec des soudainetés de tremblements de terre, on jugea à propos de modifier le Code noir... Il était dit, dans le préambule qui lui sert de

Supplice du fouet.

préface, que le maître devait certains égards à l'esclave !...

Aussi presque dès l'apparition de cette législation, les Grands-Blancs s'efforcèrent-ils de tourner son esprit, tout en gardant une certaine mesure.

La mort de Louis XIV donna le signal de la révolte dans la classe dirigeante, dont le principe, l'opinion et la volonté tendaient à l'oligarchie.

Une foule de règlements intérieurs surgit, diamétralement en opposition avec le Code noir. Le nègre, le mulâtre, le câpre n'eurent plus le moindre droit, pas même celui de se faire rendre justice.

Le mot d'ordre était *qu'il ne fallait point accueillir les plaintes des noirs de peur de la révolte !*

La peur de la révolte disait tout, excusait tout, légitimait tout.

Il se créa donc, aux Antilles, par conséquent à la Martinique, deux sociétés superposées, le patriciat et la population, n'ayant d'autre contact qu'une répression de parti-pris, de férocité calculée, voulue.

Car, pour avoir un peu plus d'aisance dans les allures que les esclaves, le peuple proprement dit, — formé des éléments combinés des noirs, des Petits-Blancs et d'émigrés pauvres (descendants de *Trente-six mois*) et des gens de couleur, — se voyait inexorablement resserré dans une vie étroite et soumis aux vexations les plus intolérables.

Ce peuple, n'ayant pour vivre que son industrie, se trouva forcément, en dehors même de l'éloignement d'ilote dans lequel le tenaient les Grands-

Blancs, en opposition d'intérêts avec la caste par excellence, de même que le sont tous les petits industriels vis-à-vis des grands propriétaires fonciers.

Alors, on vit ce fait, le même partout, la ville grandir auprès de la campagne stationnaire, l'industrie et le commerce dépasser l'agriculture en résultat.

Toute l'histoire de la Martinique est là, résumée dans l'antagonisme de ses deux villes principales : Saint-Pierre et Fort-Royal (1).

La situation se tendit tellement, que les Grands-Blancs s'évertuèrent encore à rédiger des règlements pour contenir cet autre ennemi, le Tiers, qui devenait aussi formidable pour eux par ses richesses que les esclaves par le nombre.

Au moment où 1789 sonna le premier coup de tocsin (2), les hommes de couleur ne possédaient plus aucun des droits que la royauté leur avait reconnus :

Le droit pour les sang-mêlé descendant de Français d'être réputés naturels français, aboli ;

Le droit des habitués et sauvages convertis ainsi

---

(1) Fort-de-France.
(2) *La Martinique en* 1789-1790, par Marius Hurard (extrait de la *Revue Internationale*.)

que les originaires et régnicoles d'être capables de toutes charges, honneurs, successions et donations, aboli ;

La profession d'avocat, supprimée ; un office d'avocat unique *faiseur et signataire* de requêtes remplace toute la corporation ;

Défense aux gens de couleur d'habiter d'autres quartiers que le quartier désigné, de vendre ce qu'ils possèdent, et d'aller s'établir dans une autre partie de l'île ;

Les tuteurs mulâtres sont destitués de leur tutelle attendu l'avilissement de leur couleur ;

La peine de mort est prononcée contre les colporteurs de mauvaises nouvelles ;

Un arrêt défend d'écrire les moyens des parties ;

L'esclave, l'homme de couleur, le nègre, leurs enfants et descendants sont incapables de recevoir des blancs par donation entre vifs ou à cause de mort ;

Défense est faite à l'homme de couleur de sortir de la colonie, — il ne peut faire le voyage de France qu'en fournissant caution pour le retour ;

Les noirs n'ont même pas le droit de se réunir dans les églises, de catéchiser dans les campagnes, de s'assembler pour célébrer une fête, *pour dîner en commun*, — le Conseil supérieur a édicté la peine du

Condamnation d'une négresse.

fouet, la perte de la liberté, contre quiconque contreviendrait à cette décision;

Les boulangers ne doivent pas vendre de pain aux gens de couleur avant que les blancs soient approvisionnés ;

L'exercice de toute profession est interdite, à ce point qu'un homme de couleur n'a pas même le droit de soigner la blessure causée par la morsure d'un serpent ;

La haine contre cette race se manifeste partout et sous toutes les formes, tant il importe au bon ordre de ne point affaiblir l'état d'humiliation imposée à la classe des noirs ; elle va plus loin ! elle frappe le blanc qui a contracté mariage avec la fille de couleur et le déclare inhabile à jouir d'aucun privilège, *c'est-à-dire le prive de ses droits civils;*

Car le planteur ne cherchait pas seulement l'avilissement de la race noire ; une autre caste, une caste blanche, française d'origine, irritait sa colère : celle des négociants des villes, de ces gens du Tiers que, par dérision, il appelait les *Petits-Blancs.*

Cette partie de la population, douce, honnête, ne se préoccupait que de conquérir par le travail un bien-être légitime. Dénués des préjugés qui caractérisaient les Grands-Blancs, les Petits-Blancs, peu à peu, avaient fini par s'allier avec la race maudite. Ils rencontraient, d'ailleurs, chez les filles de couleur, un amour et un dévouement sans égal, une fidélité conjugale à toute épreuve ; chez les hommes, les affranchis et les mulâtres, une loyauté commerciale, une facilité de relations qu'accroissait de jour en jour la réprobation dans laquelle se trouvait enveloppé tout ce qui ne possédait point « d'habitation ».

Et cependant, ces gens du Tiers-État, Petits-Blancs (1) et hommes de couleur, auxquels Saint-Pierre doit sa prospérité, étaient les soutiens des planteurs et leurs banquiers.

Ceux-ci se livraient à d'effrayantes dépenses. Légers comme des talons rouges, prodigues par imitation de ces modèles de folie et aussi par tempérament, les planteurs étaient partout cités comme des types de goût qui ne pouvaient se plaire que dans leur cadre personnel, la somptuosité. Où

---

(1) La qualification de *Petits-Blancs* n'existe plus à la Martinique. Une autre expression, celle de *manant*, a survécu. Cette dernière sert toujours aux Grands-Blancs à qualifier l'ouvrier et le commerçant venant de France.

Au contraire, tel individu blanc, aventurier à particule, ennemi du travail pour lui-même, est, le plus souvent, accueilli par les Grands-Blancs, l'aristocratie du pays, avec une faveur marquée.

L'origine de la caste « Grands-Blancs » est des plus curieuses. Dans les premiers temps de l'annexion des Antilles

qu'ils demeurent, on les trouve jouissant de la plus grande considération parmi les écervelés de l'époque, tous plus occupés de leurs plaisirs que des affaires du pays. La plupart d'entre eux avaient abandonné la direction de leurs habitations à des géreurs, qui partageaient leurs préjugés ; mais qui, plus habiles que leurs maîtres, préparaient la saisine de leurs propriétés par une administration dont la principale préoccupation était l'aggravation progressive d'un énorme passif. Afin de soutenir une existence de luxe à outrance, les planteurs durent souvent recourir à ces négociants honnis, à ce Tiers pour lequel il n'y avait point assez de mépris. L'orage s'amoncelait. Deux éléments se trouvaient en présence. D'un côté l'imprévoyance, la prodigalité et l'orgueil ; de

---

elles furent habitées par des nobles et des roturiers. Ceux-ci étaient tant soit peu boucaniers. Ayant besoin d'employés, ils engagèrent à leur service des blancs, appartenant à toutes les classes. Les engagements se faisaient pour une durée de trois ans. Les engagés étaient à proprement parler des esclaves blancs. Ils n'avaient même pas le droit de porter un fusil lorsqu'ils accompagnaient leur maître à la chasse ; encore moins d'en posséder. Il résulte de cet état de choses que que les Grands-Blancs en 1789 appartenaient presque tous à la catégorie des trente-six mois — ainsi dénommée du nombre de mois de leur engagement.

l'autre, le travail, l'économie et le respect des lois.

Et ce fut du sein de cette population de martyrs de la tyrannie et des cataclysmes de l'atmosphère que sortit l'une des plus magnifiques protestations de l'humanité, l'une des plus splendides démonstrations de patriotisme et de républicanisme qui se soit vues.

Au cours de la Révolution, les Grands-Blancs luttèrent. Rassemblés à l'hôtel de Massiac, ils préparaient les coups de leur politique tortueuse, s'efforçant de donner le change à l'opinion publique et, avant tout et surtout, d'empêcher l'abolition de l'esclavage par tous les moyens possibles.

Cocherel montait sans cesse à la tribune pour démontrer l'impossibilité d'ouvrir les portes de l'Assemblée nationale aux noirs et aux hommes de couleur, population trop mélangée pour pouvoir être considérée comme française.

On rappelait que Malouet avait déclaré qu'il était de toute nécessité de confronter les opinions des colons, des commerçants avec celles des écrivains distingués dont le zèle et les lumières s'égarent si facilement en économie politique, apologie de l'intérêt aussi logique d'apparence qu'infâme en réalité.

Et l'horrible fut que la Législative et la Constituante obéirent à l'impulsion qui leur était donnée dans ce sens et refusèrent aux noirs et aux gens de couleur et la suppression de l'esclavage, et la représentation à l'Assemblée, et le droit à l'impôt du sang (1).

Ces deux assemblées, qui n'avaient d'autre raison d'être, de subsister, que la Déclaration des Droits de l'Homme, écartèrent de la main, aristocratiquement, des hommes qui se réclamaient d'elle.

L'hôtel Massiac avait vaincu.

Mais, tout à coup, deux ans après, sous la Convention, la vérité apparut, éclatante (2).

Un jour, le peuple avait demandé à défiler devant la barre.

---

(1) Il existait séparément des milices de mulâtres et des milices de nègres qui firent vaillamment leur devoir, notamment pendant la campagne de 1794, pendant laquelle le mulâtre Belgrade s'illustra en défendant la Trinité contre les six mille hommes de Sir Grey. Mais ce n'est pas ainsi que les gens de couleur entendaient l'impôt du sang : Ils voulaient être admis dans les rangs de l'armée française, au même titre que leurs compatriotes de la Métropole, et non servir au titre d'auxiliaire, ainsi que des mercenaires.

(2 *La Martinique*, en 1789-1790. Marius Hurard.

LES NÈGRES A LA CONVENTION.

Au milieu du défilé, trois nègres, trois colosses se détachent de la foule et déposent sur le bureau une lettre, et disent :

— Nous n'avons pu l'apporter plus tôt. Les autorités royalistes empêchent les gens de couleur de quitter les Antilles.

Étonnée, la foule s'arrête, — hostile peut-être ! On a tant dit de mal des noirs. Les députés s'interrogent du regard.

Chacun pressent un de ces événements inattendus, coup de foudre, dont le fracas faisait tressaillir la France.

Le président se lève, prend la lettre et lit :

« Citoyens,

« Je suis nègre. On dit aux Antilles que nous ne
« sommes pas dignes d'être Français. C'est peut-
« être vrai !

« J'ai soixante et onze ans. Je suis brisé par
« trente années d'esclavage et cinquante années
« de travaux. Je suis trop vieux pour me battre.
« Il faut que je meure sans voir la France !

« Je vous envoie mes trois fils. Ils sont jeunes
« Ils sont forts. Ils feront vaillamment leur
« devoir.

« O vous qui n'avez pas de préjugés, qui avez

« proclamé la Déclaration des Droits de l'Homme,
« acceptez ce don d'un père !
« Je vous en supplie, recevez mes fils dans vos
« rangs : ils veulent verser leur sang pour la
« Patrie.
« Un vieillard vous bénira ! »

Un frisson parcourt les bancs.

La Convention se lève comme un seul homme et ne trouve qu'un mot, qu'un cri pour répondre : Vive la République ! Vivent les noirs !

Et ce cri vibre au milieu des sanglots.

Conventionnels, gens des tribunes, gens du défilé escaladent les bancs, descendent dans la salle. On se presse autour des noirs, on les embrasse. Ils répondent en versant des larmes de reconnaissance.

Le peuple alors, avec sa souveraine majesté, écarte les conventionnels, — doucement ! Il reprend sa marche, entraînant les jeunes gens ; il les conduit à l'autel de la Patrie.

Là, les noirs reçoivent les armes des volontaires.

De ce jour-là seul, la France a vraiment connu les nègres.

Et, tandis que cette scène touchante se passait à Paris, les Martiniquais, unis comme un seul homme, luttaient pour la France, toujours ! Sans même savoir quel revirement s'était fait en leur faveur.

Le 10 janvier 1794, vingt-cinq jours avant la proclamation de l'abolition de l'esclavage (16 pluviôse, an II — 4 février 1794), sir John Jewis, arrivait devant la Martinique avec une flotte composée de trente et un vaisseaux et de six canonnières.

Sir Grey débarqua six mille hommes à la Trinité.

Le 14, Fort-Royal était bloqué.

Ce fut là une lutte homérique. Une poignée d'hommes résistant à une armée, dans une île, entre la famine et la décimation. Un siège, un blocus de soixante et onze jours, avec des combats chaque jour, des engagements chaque nuit. Belgrade, qui commandait les milices de couleur à la Trinité, se couvrit de gloire, montrant que les mulâtres étaient aussi propres à faire des généraux que des soldats, et ne se rendit qu'à la dernière extrémité.

Le général Rochambeau, qui disposait de toutes les forces de l'île, dut signer une capitulation des plus honorables, le 22 mars 1794. Il n'avait plus ni hommes, ni armes, ni munitions, et la brèche était ouverte.

En récompense de tant de sang versé, le premier Consul qui avait récupéré la colonie en 1801, rétablit l'esclavage le 30 floréal an X (20 mai 1802). La douleur des Martiniquais fut indescriptible. Elle n'eut d'égale que leur colère.

La révolte éclata, si violente, que le premier Consul dut envoyer aux Antilles trois mille cinq cents hommes de troupes et des généraux pour dompter l'insurrection.

Force resta à la loi, à la loi illégale ! et la Liberté s'éteignit dans des flots de san

En 1809, la Martinique retomba au pouvoir de l'Angleterre et ne redevint définitivement française qu'en 1816.

Avec leur retour à la France, les Martiniquais, oublieux de la répression de 1803 et ne se souvenant que de la Déclaration, réclamèrent le droit de chaque homme.

Le gouvernement refusa.

Un complot éclata.

Quatre noirs : Narcisse, Jean-Louis, Jean et Baugio soulevèrent la population (1).

Durant toute la nuit du 13 au 14 octobre 1822, ils purent se croire les maîtres de l'île. Mais l'énergie

---

(1) *Nos grandes colonies. Histoire générale des Antilles.* Fernand-Hue et Georges Haurigot.

RIVIÈRE LEVASSOR

du gouverneur et des autorités militaires eurent vite raison de conjurés à peine pourvus d'armes.

Soixante noirs furent arrêtés et livrés aux tribunaux. Sept accusés eurent la tête tranchée, quatorze furent pendus, dix subirent le supplice du fouet.

Ces exécutions ramenèrent l'ordre.

Pas pour longtemps.

Les Martiniquais avaient trop soif de liberté. A partir de ce moment, les révoltes devaient se multiplier, avec la persévérance et l'intensité sublimes de la revendication du plus sacré des droits.

En 1824, Bizette, un homme de couleur, se mit en tête de chasser tous les blancs de l'île, puisqu'ils se refusaient à rendre ce que la Convention avait donné (1).

Une traîtrise fit découvrir la conspiration. Bizette fut arrêté avec treize des mulâtres les plus notables de Saint-Pierre, et on les interna à Fort-de-France.

Traduit devant les tribunaux, le chef de la révolte fut condamné, avec trois de ses complices, aux travaux forcés, et trente-sept autres au bannissement.

(1) *Nos Grandes Colonies. Histoires générales des Antilles.* Fernand-Hue et Georges Aurigot.

La dernière tentative en faveur de la liberté eut lieu en 1832.

Rosemond et Louis-Adolphe, sous-officiers tous deux de la milice mulâtre, soulevèrent les hommes placés sous leurs ordres; mais le complot ayant avorté, la milice fut licenciée.

Voyant ces terribles répressions, une sombre lassitude envahit la Martinique.

En même temps que s'accumulaient contre elle les efforts de la réaction, elle sentait l'espoir s'envoler et faire place à la désespérance.

La vie des Grands-Blancs avait repris tout son essor. Une vie large et merveilleuse, si elle n'eut flottée sur un écrasement de cadavres vivants, sur des hommes sans liberté.

Ainsi qu'au temps jadis, où l'urbanité la plus exquise, où la grâce ducale flottaient à la surface de la population, cachant sous l'éclat fleuri et ensoleillé de son attrait, un enfer où gisaient des âmes humaines, les soupers fins et délicats étaient redevenus à la mode, et la grande hospitalité, celle qui tient table ouverte et s'offre à tout venant avec une cordialité de patriarche et de grand seigneur, était de nouveau la marque à laquelle se reconnaissait le créole.

L'existence avait pris cette coloration douce et séduisante des natures aristocratiques, parce qu'elle gît tout entière dans une caste séparée, où règne une sorte d'égalité entre gens également de bon ton, d'excellente compagnie, de grosse fortune et d'éducation raffinée.

Sans doute cette existence, pour opulente qu'elle fût, était loin d'être aussi magnifique que la vie de l'ancienne noblesse et des Grands-Blancs; mais elle s'efforçait d'y atteindre et de lutter avec elle.

Et, peu à peu, au sein de cet enchantement qui tenait de la magie, les créoles ne rappelaient les explosions de révolte que pour s'encourager à en p révoir le retour et à maintenir, grâce à la haine, la terreur du nègre.

J'ai connu dans ma prime jeunesse, une bonne vieille dame, Mme B....., qui avait traversée la révolte de 1824. Elle avait élevé si singulièrement sa nièce, que celle-ci, en 1867, à vingt ans environ, tremblait au seul nom de Bizette et confinait l'attaque de nerfs pour peu qu'on fit allusion devant elle à des nègres revoltés.

Excellente éducation, bien propre à préparer la pacification et à abattre le préjugé ! Ce n'est pas que Mme B..... fut une méchante femme, qu'elle détestât foncièrement les noirs, au contraire, elle les aimait; mais elle les aimait à sa manière, selon les notions qu'elle avait elle-même reçues et qu'elle transmettait avec une précision si parfaite. En ancienne maîtresse d'habitation, pour qui le noir, s'il est un être supérieur au reste des animaux, n'en demeurait pas moins une individualité inférieure et très inférieure à la race blanche.

Pour bien faire ressortir ce caractère et le mettre en relief suffisant, il faudrait un volume ou une pièce d'étude comme la *Marchande de sourires*, au lieu de cette simple indication qui n'esquisse le créole que d'une manière nuageuse, avec des contours indécis. Et encore, le temps et la place nous manque pour nous y appesantir autant qu'il serait à souhaiter.

On peut, toutefois, se faire une idée assez approchée de la vie aux colonies, même en cette période plus près de nous, en relisant les savantes pages de H. Taine, qui racontent si éloquemment la mondanité des gentilshommes d'avant 1789, et en y ajoutant l'ampleur, les largesses et aussi la main rude du patricien romain. Chose complexe qu'il est néanmoins possible d'embrasser dans toute son étendue.

C'est au milieu de cette quiétude d'en haut et de

SCHŒLCHER

cette désolation d'en bas qu'éclata la seconde Révolution.

Et, le 27 avril 1848, la France décrétait l'abolition de l'esclavage, sur la proposition de Schœlcher.

De ce jour, le peuple martiniquais devenait peuple, dans l'acceptation complète du mot.

Cette longue et pénible lutte, supportée par lui, avait une apothéose :

La Liberté !

LA VIE A LA MARTINIQUE

La vie à la Martinique a un côté de douceur et de mollesse, comme un côté d'excitation et d'énervement provenant du surmenage.

L'introduction des procédés nouveaux dans l'industrie des guildivries a été pour beaucoup dans l'apparition et le développement de cette nouvelle face de l'existence coloniale.

Il est facile, d'ailleurs, de se rendre compte que le mécanisme des usines, si compliqué, si mathématique ne pouvait s'accommoder de l'indolence que commande le ciel intertropical: et qu'on a dû, dans l'intérêt de la production et des producteurs, modifier profondément les coutumes d'autrefois.

Afin d'être exact, il faut ajouter que ces modifications ont pu se faire plus facilement qu'en Cochinchine par exemple, à cause de la température presqu'adéquate de la Martinique, où le thermomètre ne dépasse jamais l'écart variant entre $+26°$ et $+35°$ centigrades.

Grâce à ce renouvellement de l'outillage, qui a eu lieu aussi bien pour les rhums que pour les sucres, le commerce a pris un essor considérable centralisé par Saint-Pierre, qui pour n'être point le chef-lieu officiel de l'île, n'en est pas moins sa capitale réelle.

Là, comme ailleurs, le commerce s'est donné rendez-vous sur les quais d'où l'on voit se dérouler la vue merveilleuse de la rade, encadrée par le fort et les hauteurs de Tivoli, les campagnes couvertes de culture s'étendant jusqu'au Prêcheur, le Morne Calebasse toujours couronné de verdure et le Jardin Botanique, d'un côté; et de l'autre, par la paroisse du Mouillage qui s'étend le long de la mer et monte en amphithéâtre jusqu'au Morne taillé à pic qui domine la ville, et enfin les pitons des Carbet qui ferment l'horizon du côté de la terre.

Ce paysage est si magique qu'en y abordant on se demande si ce n'est pas là un coin du Paradis terrestre égaré au milieu de l'Atlantique!

Les jours d'arrivée des paquebots et des navires

SAINT-PIERRE
Cascade du Jardin Botanique.

sont autant de fêtes. En guise de pavois, les commissionnaires et les négociants exposent les marchandises venues de France. La ville-campagne s'anime, s'égaye, s'enthousiasme devant les magasins aux étalages renouvelés par des mains savamment coquettes. Quelque chose comme les affluences aux lundis du Louvre et du Bon Marché, où les hommes sourient aux femmes fleurant bon, dans leurs toilettes diaprées, si charmantes en leur fine et aristocratique élégance qui laisse filtrer à leur insu un long parfum d'amour.

La Bourse elle-même, si sombre à Paris avec son fourmillement humain qui vocifère, si éclairée en son palais de Marseille où au moins l'éclat de la lumière jette une note consolante à travers les hurlements de la banque, — la Bourse elle-même a une physionomie douce, avenante, à Saint-Pierre, au milieu de la grandeur austère et gracieuse à la fois des tamariniers séculaires de la place Bertin. Dans cette Bourse-là, l'envie prend à la gorge de faire du commerce et de remuer de l'or. Il semble que c'est celle qu'aurait rêvé Bernardin de Saint-Pierre, s'il eut vécu de nos jours.

Songez-donc ! verdure, nature et mœurs patriarcales.

Les rues perpendiculaires à la mer sont montueuses, raides, à peine plus praticables que celles de Gibraltar; en certains endroits même, elles se terminent par des escaliers.

Les rues parallèles sont bordées de chaque côté par de larges dalles, qui remplacent les trottoirs, près desquelles coulent avec un mouvement très doux des ruisseaux d'une limpidité cristalline.

Une opposition naturelle, plus ravissante que toutes les oppositions voulues.

Et dans le fouillis des *noirs*, des créoles, des gens de couleur, des câfres et des griffes, des marchands ambulants lancent leur cri :

— Voilà le pâtissier qui passe..., c'est l'*euvrier*, d'la pâtisserie !... C'est l'*euvrier*..., l'bon l'*euvrier* !...

Celui-là son succès n'est ni douteux, ni long. Les gamines l'escortent en piaillant, convoitant les richesses de sa manne qu'il porte en équilibre sur le sommet de la tête et admirant l'irréprochable blancheur de son vêtement qui tranche avec le noir de sa peau. Et lui, droit et haut comme un chêne, passe sans s'émouvoir, tranquillement.

De temps à autre, le pâtissier fait d'un pas léger les sept lieues qui séparent Saint-Pierre de Fort-de-France, où il va vendre sa marchandise. Très

SAINT-PIERRE
Place Bertin et Môle d'embarquement.

alerte, il ne manque pas une seule des fêtes foraines dont il est un des clous les plus connus et l'un des bout-en-train les plus écoutés.

La seule concurrente du pâtissier est la marchande de gâteaux, Mme Zindor.

Son trait, bâti en bois, rectangulaire, un peu évasé, est bondé de bonbons et de gâteaux, qu'elle énumère, en marchant, d'un ton nazillard.

De fait son trait est attrayant. Et les enfants ne

sont pas ses seuls clients. C'est si bon les brioches, les pâtés de cannelle, les pâtés de bananes, les pâtés de coco, les pains doux, et les galettes moustaches !...

Et puis elle a si grand air, Mme Zindor, avec sa jupe à grands ramages, la jupe traditionnelle qu'elle ne quitterait pas pour la fortune de Vanderbilt. Non, pas plus que son trait. Car outre son amour pour son métier, Mme Zindor est un personnage, Mme Zindor est une autorité, Mme Zindor joue un grand rôle, un très grand rôle, parmi les négociants en plein vent : elle est la doyenne des marchands des rues.

Aussi ce qu'on l'aime, cette bonne Mme Zindor !

A côté d'elle prend place la marchande de cocos.

Elle aussi porte son trait sur sa tête.

Pour deux ou trois sous, elle vend une belle noix de coco pleine d'un lait frais et parfumé, toute tapissée d'une crème succulente qui se mange à la cuiller.

— Çà qui lé coco... coco en cuiller !... (1).

On l'entend avant de l'avoir vue. Oh ! elle a une voix !...

A chaque appel, elle cesse de crier et accourt vers le client. Toujours, elle se fait décharger de son trait par sa pratique ou par un passant obligeant, elle

(1) Qui veut du coco, voilà du coco.

tenant les deux angles postérieurs, lui tenant les deux angles antérieurs.

Et gracieusement, elle s'agenouille, prend un coco, lui coupe la tête, le taille à facettes et pratique à sa partie culminante, le côté pointu, un trou qui est le goulot de cette bouteille naturelle.

Puis, elle se fait aider de nouveau et repart, le trait sur l'occiput.

— Çà qui lé coco... coco en cuiller !...

C'est de la Grand'Anse du Carbet qu'elle tire sa marchandise. Tous les cocos qui alimentent Saint-Pierre viennent de cette localité, qui était aux cocos de la Martinique ce qu'est un bon cru aux vins de France. La nature les avait groupés là, en masse. C'est par milliers qu'on comptait les pieds de cocotier.

Le cyclone a détruit cette pépinière.

Presqu'en même temps que la marchande de coco, qui paraît le matin à la première heure, se montrent la marchande de sirop et la marchande de café.

La première débite du *gros sirop* ou *sirop de batterie*, une chatterie dont les gens du peuple se délectent; mais le succès de la marchande de sirop n'est rien auprès de celui de la marchande de café.

Le café ! c'est la grande gourmandise du Martiniquais. Il le prend le matin au lit ou au saut du lit, avant de sortir. Et dans la journée, il en reprend une tasse, de ce merveilleux café qui n'a pas d'égal en ce monde.

Un autre petit métier est celui de la marchande de lait. A Saint-Pierre, ce métier-là ne ressemble pas le moins du monde à cette profession ennuyeuse et triste des marchandes de lait de Paris. Au lieu de se cacher sous une porte cochère sombre, un paravent autour de soi pour s'abriter des courants d'air, la marchande de lait martiniquaise se promène dès huit heures du matin à travers les rues de la ville. Son apparition marque l'heure plus sûrement qu'une horloge pneumatique. Ce qui la caractérise, c'est qu'elle porte sa marchandise dans une bombe à kérosine (boîte à pétrole) dont on a ouvert et bordé la partie supérieure à laquelle on a, en outre, soudé deux anses.

Parfois à défaut de bombe à kérosine, elle emploie un grand canaris, sorte de pot-au-feu à quatre anses, que l'on appelle le canaris à quatre oreilles.

Puis, le défilé continue. Heure par heure, marchande par marchande.

Du Morne-Rouge, la bouchère descend chargée de la meilleure viande qui soit dans toute l'île ; et elle sert ses pratiques qui l'attendent avec impatience.

JARDIN BOTANIQUE DE SAINT-PIERRE
Partie réservée.

Aussi n'a-t-elle pas besoin de crier et ne crie-t-elle pas.

La réputation et l'excellence de ce qu'elle vend parlent en sa faveur.

Aussi fait-elle grande concurrence aux bouchers ses confrères dont l'étal est situé au Mouillage et au Fort, soit aux deux extrémités de la ville.

Elle a sur eux tout l'avantage des ambulants et aussi de l'originalité et de l'habitude. On aime beaucoup les petits métiers à la Martinique.

De même que la viande, le poisson ne se crie pas non plus dans les rues, excepté dans les moments où il est en surabondance. Dans ce cas, il importe de profiter des courts instants pendant lesquels il est de conserve. C'est ce qui a lieu aux arrivées du matin et de l'après-midi. Entre temps les cours sont plus fermes.

Mais comme on ne peut le garder au-delà de huit heures du soir, aussitôt la chute du jour commence la série des bonnes occasions. Ce n'est pas à dire des soldes, car le poisson vendu le soir est toujours du poisson frais, venant d'être débarqué!

Aussi les gens peu fortunés guettent-ils cet instant pour se procurer à bas prix une nourriture aussi saine que succulente et bon marché.

Là ne se bornent pas les petites industries. Pendant toute la journée, les vendeuses foisonnent : les unes offrent des légumes, les autres des ignames, des choux-caraïbes, des bananes, de la farine de manioc, des patates, des fruits d'arbre à pain, des avocats ; d'autres encore, les marchandes de fruits ont des friandises pour tous les goûts, des quenettes, des pommes cannelles, des pommes acajou, des prunes du Chili, de Monbin, de Cythère, d'Espagne, des goyaves, des oranges, etc., etc.

Sans compter la marchande d'acras (beignets).

Installée devant sa lèche-frite, elle distribue des acras de morue, de yeux-noirs, de choux-caraïbes qu'elle pique au bout d'une tige de fer d'au moins 0ᵐ15 de longueur, et vend en même temps du pain, détaillé à l'avance par morceaux dans un vaste panier qui ne la quitte jamais.

Il n'y a pas encore bien longtemps, dans cette foule bigarrée de vendeuses, on remarquait une vieille négresse qui n'avait pas loin de quatre-vingts ans.

On l'appelait Mᵐᵉ Pierre ou l'apothicaire créole.

Dès l'aube, elle traversait les rues de Saint-Pierre, lançant un cri d'une voix pleine et sonore.

— Vous qui dormez, réveillez-vous dans votre

sommeil..... Gens d'en haut, gens du mitan, gens d'en bas, songez que tandis que vous dormez les poux de bois se mettent dans vos affaires.

Ce refrain revenait périodique, après les apologues les plus bizarres qu'elle débitait gravement pour mieux vendre ses herbes à femme, étant matrone de son métier; ses herbes couresses (couleuvre de la Martinique), ses feuilles de côtelettes, ses oreilles de mouton, ses herbes puantes, ses ortils d'eau, un tas de drogues qu'on lui achetait avec empressement à cause qu'on la croyait un peu sorcière.

Durant de longues années, Mme Pierre personnifia le type de la rebouteuse coloniale. De grandes dames ne dédaignaient pas d'avoir recours à ses lumières, en des parturitions difficiles ou en des suites de couches que la science médicale ne guérissait pas assez vite. La légende assure qu'elle opéra des cures aussi singulières que le célèbre docteur Noir.

Ce qu'il y a de certain, c'est que les gens du peuple qui la saluaient jusqu'à terre, avaient d'elle une peur effroyable, et tout bas, bien bas, de peur d'être trahis par les feuilles qui bruissaient ou la brise qui passait, disaient qu'elle était soucouyan (sorcière), qu'elle avait des quimbois (philtres) pour toutes les maladies et les affections d'amour et qu'elle faisait apparaître des ombis (revenants) devant ceux qui doutaient d'elle.

En ce qui concerne les herbes couresses, destinées à préserver des morsures de la vipère fer de lance, dont la piqûre est mortelle et presque sans remède, le secret est connu. Mme Pierre, de même que les *nègres charmeurs* ou *panseurs*, employait le jus de la racine de citronnier mâchée.

Je ne sais jusqu'à quel point le jus de racine de citronnier mâchée est efficace. Il doit cependant avoir quelque vertu puisque, depuis des siècles et des siècles, les *charmeurs* en font usage, soit que leurs aïeuls, venus de la côte occidentale d'Afrique, la leur aient apprise, soit que les propriétés de ce médicament leur aient été confiées par les derniers Caraïbes.

Je crois, du reste, qu'il ne faut pas se hâter de condamner les remèdes de Mme Pierre et des *nègres charmeurs*, avec un exclusivisme trop complet. Si les simples ont fait leur temps en matière de thérapeutique, il n'en est pas moins vrai que leur application a soulagé, jadis, bien des maux. Et il serait peut-être intéressant que, parmi les praticiens qui ont la bonne fortune d'aller à la Martinique et dans d'autres contrées intertropicales, quelques-uns d'entre eux, suivant l'exemple du docteur Paul Barret et de plusieurs de ses confrères, s'adonnassent à la recherche de la médecine et de la médication primitives. Cet historique manquerait d'autant moins de succès, à mon avis, que je me rappelle avoir entendu dire, en Cochinchine, par des médecins de la marine très remarquables, qu'il était excessivement regrettable que l'on ignorât la science des Thày-Thuôc (1).

La médecine chinoise et la médecine annamite ne sont certainement pas à comparer avec les pratiques des rebouteux et des bonnes femmes, qui le plus souvent dégénèrent en empirisme ; mais, ce groupement complèterait l'histoire de la médecine à travers les âges et les peuples et montrerait les essais timides et à peine osés dans l'exposé de tentatives très curieuses précisément à cause des tâtonnements qui ont précédé la science actuelle, dans le monde entier, — de même que les études sur les alchimistes ont donné des renseignements précieux sur la liaison directe entre les sciences occultes et la chimie.

J'avoue, pour ma part, que je ne serais pas fâché de connaître de quoi se compose par exemple la fameuse recette qui guérit la fièvre jaune.

Il paraît qu'elle existe.

J'ai connu jadis un vieil aventurier qui avait débuté dans la vie en fuyant la maison paternelle et en s'embarquant furtivement comme mousse, en compagnie de Garibaldi, son compatriote, sur un navire en partance pour Odessa.

---

(1) Médecins annamites.

A la suite de nombreuses aventures, M. Jué arriva à Cuba où il eut la bonne fortune de sauver la vie d'un riche planteur, M. d'Escalon. A quelque temps de là, M. d'Escalon mourut de sa belle mort, et, en récompense, laissa sa fortune à M. Jué sous condition qu'il ajouterait le nom d'Escalon à celui de Jué.

Quelques années se passèrent. La fièvre jaune éclata dans Cuba. Ce fut un affollement. Tout le monde fuyait.

M. Jué d'Escalon, insensible à la panique, était resté et soignait les malades.

Huit jours après, la fièvre jaune s'abattait sur lui. Seul, abandonné de tous, gisant sur un grabat jusqu'auquel il avait eu juste la force de se traîner, il râlait.

Une négresse de son habitation, pour laquelle il avait eu de paternelles bontés, le trouva là, à demi-mort. Elle s'installa à son chevet et trente six heures plus tard, M. Jué d'Escalon, parfaitement guéri, se remettait de plus belle à porter secours aux mourants.

Plus tard, M. Jué d'Escalon, qui était revenu se fixer à Nice, son pays natal, dans une villa de Cimiez, eut occasion de retourner à Cuba pour un règlement d'affaire. Il emmena avec lui son plus jeune fils Richard.

A peine avaient-ils mis le pied dans l'île que le vomito-négro éclatait.

M. Jué d'Escalon demeura à la Havane et envoya Richard sur la plantation. Cette précaution devait être inefficace. Richard fut atteint par la terrible maladie.

Par bonheur pour lui, la négresse qui avait sauvé son père existait toujours. Elle accourut près de lui, ne le quitta pas d'une seconde, et sauva Richard.

M. Jué d'Escalon et Richard, vingt fois pour une, m'ont fait ce récit touchant, — et aussi la bonne négresse qu'ils avaient ramenée en France, et qui jouissait à la maison de tous les privilèges d'un vieux serviteur qui a rendu la vie à ses maîtres.

Bien souvent, j'ai essayé de la faire parler, de lui arracher son secret. Jamais elle n'a voulu me le révéler; prétendant ne pouvoir le transmettre qu'à des personnes ayant un signe particulier, don de la divinité, au sein des bois de son pays et avec des cérémonies particulières.

Depuis que Mme Pierre est morte, les *Charmeurs* sont seuls en possession de la profession, dans laquelle nulle célébrité n'a eu le savoir-faire de se produire et de conquérir sa réputation.

Les *Charmeurs* se tiennent d'ailleurs, de préférence, dans la campagne. Ils ont dans les paysans, sans cesse en contact avec les trigonocéphales, une clientèle assurée, dont ils vivent grassement. Leur allure est semblable à celle des sorciers de nos campagnes, grave, méditative, flegmatique. Leur œil fixe, perdu dans le vide, regarde sans voir vers l'horizon sans borne. Il semble qu'ils vivent en présence d'une vision qui les hante perpétuellement et les hypnotise. Leur grand bonheur est la capture des serpents les plus dangereux dont ils s'emparent à la main, sans souci des morsures, grâce au fameux onguent du jus de racine de citronnier mâchée.

A ce point de vue, les *charmeurs* remplissent une œuvre d'utilité publique, dans une contrée où la présence des reptiles est une perpétuelle menace pour chacun en général, et en particulier pour l'homme des champs qui, le plus souvent, marche pieds nus.

De temps à autre, on signale même l'apparition de serpents, puisque, dans Saint-Pierre, MM. Fernand Hue et Georges Haurigot racontent qu'en 1876 ils ont vu tuer, dans une des rues de Saint-Pierre les plus fréquentées, où il y a plusieurs pensionnats de jeunes filles, une femelle pleine de vingt-cinq serpenteaux.

Le 28 octobre de la même année, le *Propagateur de la Martinique* écrivait :

« On n'a jamais vu tant de serpents ni de si gros, et si l'on ne se décide à leur faire une guerre sérieuse, ce n'est seulement pas dans les bois, dans les champs de cannes, sur les grands chemins que ces immondes et malfaisantes bêtes seront redoutables ; non, elles envahiront nos villes en maître, et on se rangera sur leur passage, en leur tirant le chapeau à distance, comme aux grands seigneurs d'autrefois. »

Il faut faire la part de l'émotion.

Les serpents ne se promènent généralement pas au milieu de Saint-Pierre, la canne à la main, ainsi que de bons propriétaires du Marais, de la place de la République à celle de la Bastille.

Mais il est vrai qu'il en existe un assez grand nombre dans certaines parties de l'île et que l'idée émise par MM. Fernand Hue et Georges Haurigot de transporter du Cap à la Martinique quelques couples de ces vaillants oiseaux, qu'on nomme indifféremment *secrétaires* ou *serpentaires*, serait pratique au premier chef.

Le secrétaire est, en effet, un magnifique échas-

VUE DU JARDIN BOTANIQUE DE SAINT-PIERRE

sier, à la démarche lente et majestueuse, à l'œil brillant, au bec recourbé, à la peau rugueuse, au corps de vautour, monté sur de longues pattes. Dès qu'il aperçoit un serpent, il fond sur lui, d'un coup de griffe le fixe au sol, et le hache à coups de bec.

Du secrétaire aux oiseaux, il n'y a qu'une plume.

Et ceux de la Martinique sont si jolis. A travers la ramure toujours verte, on aperçoit des essaims de gobe-mouches, de colibris et d'oiseaux-mouches, un mélange de rubis, d'émeraude et de topaze; sur le bord des rivières des hérons crabiers et des flamands demeurent immobiles comme des statues hiératiques, sur la côte volent des frégates aux ailes de huit pieds d'envergure, tandis qu'au fond des bois, où il cache sa livrée de pourpre, d'azur et d'or, l'oiseau moqueur persiffle le voyageur égaré de ses modulations insultantes et narquoises.

Et le soir, quand la nuit enveloppe l'île, les clin-clindins projettent la clarté verdâtre de leur phosphorescence, illuminant la richesse et la magie des plantes qui se dessinent dans l'ombre.

Un grand murmure monte.

Ce sont les noirs, assemblés, qui chantent, dolemment, des complaintes sur de vieux airs de France, des fables comme *Les Femmes et le Secret*.

Pas ni engnien qui ka pesé (1)
Com yon parole on doué gadé.
Yo dit négressé faibe côté là,
Ça voué ; mais poutant pou palé,
Yo pas faibe passé femme beké.
Et moin kalé fé zott voué çà.

Yon jon té ni yon négociant
(Moins ka palé zott gens long-temps,
Faut pas pessonne prend ça pou yo',
Qui té vlé voué en badinant
Si femme li té aimein cancan...
Si mouche-à-miel aimein sirop !...

Dans la nuit, quand yo té couché,
Nhomme là coumencé ka crié,
Femme là levé, — « Pas dit pessonne,
Nhomme là dit li, ça qui rivé
Gadé, machè, tem'mi yon zé
Tout-à-lhé nhomme ou tôti ponne. »

I faudrait femme té pli savant
Passé yo yé, pou voué, la dans
Yon chose come ça, yon cabouia, (2)
Tala dit : « Moins ka fé sément
Pas dit. On pé bas moin boucan
Si moin palé quéquin de ça, »

Pas moins, ani li té levé,
Femme pas ni engnien pli pressé,

(1) Ce petit chef-d'œuvre a été mis en patois martiniquais par M. E. Marbot, commissaire de la Marine et ordonnateur. Son livre est aujourd'hui d'une rareté excessive.
(2) Sorte de nœud coulant fabriqué avec de l'herbe, servant à la chasse des anolis, sorte d'iguane à échelle réduite ou de petit lézard.

Il n'y a rien qui pèse (1)
Comme une parole que vous devez garder.
On dit les négresses faibles de ce côté-là.
 C'est vrai ; mais pourtant pour parler,
Elles ne sont pas faibles plus que les femmes blanches
 Et je vais, à vous autres, vous faire voir ça.

 Un jour il y avait un négociant,
Je vous parle à vous autres de gens de longtemps,
Il ne faut pas que personne prenne cela pour soi ;
 Qui voulait voir pour s'amuser
 Si sa femme aimait à faire des cancans...
 Si les mouches à miel aiment le sirop !

 Dans la nuit, alors qu'ils étaient couchés,
 L'homme commença à crier.
Sa femme se réveilla : Ne dites à personne,
 Lui dit l'homme, ce qui est arrivé.
 Regardez, ma chère, tenez voilà un œuf
Que tout à l'heure votre homme vient de pondre.

 Il faudrait que les femmes fussent plus savantes
 Qu'elles ne sont pour voir là-dedans
 Une chose comme ça, un cabouia.
 Celle-ci dit : moi je fais serment,
 De ne rien dire. Vous pouvez me corriger
 Si je parle à quelqu'un de cela.

Il n'en est pas moins vrai qu'à peine était-elle levée,
 La femme n'a rien de plus pressé.

---

(1) Je dois à l'obligeance de M. Hurard la traduction littérale de cette chanson martiniquaise, calquée par Marbot sur La Fontaine, traduction qui met singulièrement en relief les exquisités de ce patois charmant, qui mériterait presque le nom de langue.

Allé la case macoumè li,
Pou conté ça qui té rivé :
Dit nhomme li té ponne yon gros zé
Soulagé khé li et pati.

Ma coumè là té fé sément
Pas palé ça pou yon vivant.
Mais, ani femme là té pati,
Li conté ça pou toutt parent,
Pou toutt zami li. A présent,
Au lié li dit yon zé, dit dix.

A la fin la jounein, nhomme là
Té ponne yon pagnien samboura. (1)
Chose yo ka palé, ka longé :
Yonne dit li té ponne zé léza,
Lautt zé codéinne, lautt zé cana :
Té tini toutt sôte qualité.

Femme là ranne nhomme li malhéré,
Làdans zoreille nèg ça tombé ;
Ça té fini ! pas ni personne
Qui de ça pas tanne yo palé.
Et toutt ti mamaille pouend chanté :
C'est yon zé codéinne nhomme là ponne !

Quand zott ni qué chose pour palé,
Fé attention ça qu'a conté,
Si zott pas vlé toutt moune save li.
Zott save toutt moune aimein causé,
C'est pou ça i faut pas blié
Zoreille pas fini couvèti.

(1) Panier, genre caraïbe, destiné à mettre des poissons.

Que d'aller à la case de sa commère
Pour raconter ce qui était arrivé.
Elle dit que son homme avait pondu un gros œuf
Se soulagea le cœur et partit.

La commère avait fait le serment
De n'en parler à âme qui vive.
Mais à peine la femme était-elle partie
Qu'elle raconta cela à tous ses parents,
A tous ses amis. Et alors
Au lieu de dire un œuf, elle en dit dix.

A la fin de la journée, cet homme-là
Avait pondu un panier de samboura.
Les choses dont on parle s'allongent.
L'un dit qu'il avait pondu un œuf de lézard,
L'autre un œuf de coq d'Inde, l'autre un œuf de canard
Il y en avait de toutes sortes de qualités.

Cette femme-là rendit son homme malheureux.
Dans les oreilles des nègres cela tomba.
C'était fini. Il n'y a personne
Qui de ça n'entendit parler
Et tous les marmots se prirent à chanter :
C'est un œuf de coq d'Inde que cet homme-là a pondu.

Quand vous autres vous avez quelque chose de quoi parler
Faites attention à qui écoute,
Si vous autres ne voulez pas que tout le monde le sache.
Vous autres vous savez que tout le monde aime à causer.
C'est pour cela qu'il ne faut pas oublier
Que l'oreille n'a pas de couverture (couvercle).

Ou encore qui dansent en ronde, et en chantant en chœur, sur un rhythme lent et mélodieux :

> Châle rafina, melini melina
> Molokoie la môt
> Li môt, Li môt,
> Li môt, li éntéré.

Echo lointain et charmeur, qui se marie aux tonalités gaiement ombreuses de la nuit, et dure jusqu'au pipirit chantant (1).

Témoignage de la joie, de l'inaltérable douceur de mœurs et de caractère du Martiniquais. Un peuple qui chante, un peuple qui aime les fleurs, les parfums et les femmes, est toujours un peuple bon et possédant de grandes qualités.

Ici la règle est générale. A peine d'exception. La fidélité conjugale est une vertu qui a cours, et qui loin de se cacher comme dans la métropole, est l'orgueil et l'honneur de ceux-là mêmes qui la pratiquent.

Et cependant, que de tentations en cette ile, la reine des Antilles françaises. Jamais, peut-être, en

---

(1) La pointe du jour. L'origine de cette ravissante expression est la piperette, mot bas-breton, apporté par les Trente-six mois.

aucun lieu du monde, il ne serait possible de grouper une pareille réunion de beautés.

Quoi de plus embrasant qu'une mulâtresse, de plus divin qu'une câpresse, de plus idéal qu'une quarteronne, de plus pittoresque qu'une négresse?

Jamais ces jolies filles, habillées d'une chemise brodée très-fine, d'une jupe aux bandes de couleurs voyantes, attachées très haut, à la mode du premier empire, — ce qui leur donne l'air de Vénus grecques, — coiffées d'un madras jaune, vert et rouge, ne consentiraient à porter d'autres bijoux que des bijoux d'or. Elles aiment le vrai, le beau et l'attrayant.

L'or!...

Il les fait pâmer d'aise. Elles en sont amoureuses. Tellement qu'elles hésitent presque à quitter leurs épingles, leurs broches, leurs boucles d'oreille et leurs colliers de choix, pour prendre leurs trois bains quotidiens.

— Rien qu'à les voir, disait le vieux commandant P., il y a de quoi devenir ataxié.

De fait, aucun homme n'est revenu des Antilles, sans être amoureux fou.

D'une jolie femme? Non, de toutes, en mousquetaires!

L'Européen qui aborde en cette île enchantée, s'éprend de toutes les femmes, parce qu'il se prend à aimer la femme.

Le kaléidoscope féminin qui se déroule à ses yeux le bouleverse, le pénètre, l'accapare au point qu'il vit dans un rêve perpétuel, admirant, admirant encore, admirant toujours et aimant comme un fou.

Et il les suit partout, au marché, à la promenade, aux réunions du soir, à la danse, jusqu'au Vidé.

Car ce sont d'enragées danseuses que ces circés antilliennes.

Fanatiques de sauterie ! plus fanatiques encore de Vidé.

Vidé !

Qu'est-ce que le Vidé ?

La danse nationale et intime. Quelque chose qui tient à la fois de la cachucha, du cancan, de la farandole et du chahut. Le désespoir de Grille d'Egout et de la Goulue. Elles ont bien su être excitantes, dégoter les Javanaises de l'Exposition, aux poses plastiques, tristes et luxurieuses, damer le pion à la Belle Fatma. Jamais, au grand jamais, elles ne réussirent à exécuter un pas tel qu'il pût faire oublier le Vidé.

Et pourquoi ?

Pourquoi ? Parce que les Martiniquaises ont de

UN VIDÉ

l'esprit dans les jambes, dans les mouvements, autant que de flammes dans les yeux.

Quoi qu'elles dansent, c'est toujours spirituel et enfiévrant.

Vidé !

Quand des allées qui encadrent la ravissante savane du chef-lieu, on entend ce mot fatidique, Vidé ! sorte de hourvari, dont les deux syllabes sont scandées avec une expression farouche, qu'on se méfie!

Après la fête, qui a déjà battu son plein, vient un désir enragé de bousculade, de destruction, de bamboche.

Vidé !

De tous côtés les groupes se forment. Çà et là, un robuste noir, assis à califourchon sur un tambour allongé, revêtu par un seul côté de la peau résonnante, ruisselant de sueur, tape des deux mains par soubresauts, mais en cadence, sur son instrument dit *Tambour de Bel-Air*. Derrière lui, un second noir tape sur le bois de l'extrémité ouverte du tambour avec ses baguettes.

Et devant le groupe, un homme danse seul. Sa mime est singulière, étrange. Elle procède de l'africain, de l'indien et du nègre.

L'homme fait saillir les muscles de ses bras; ses

jarrets prennent du relief; son corps s'agite, se courbe, se redresse et se recourbe d'avant en arrière, avec des déhanchements violents et un accompagnement de cris stridents, inarticulés, inexpressibles même pour l'onomatopée, tandis qu'il se dresse, tantôt sur les talons, tantôt sur la pointe des pieds, ses bras se tendant et se repliant en tous sens, comme pour une lutte.

Quand il a fini, du groupe des femmes qui l'entoure, en chantant les chansons Bel-Air, l'une d'elles se détache, la reine du Bel-Air, jolie entre les jolies, belles entre les belles, tenant un *chacha* enrubannée de faveurs multicolores, symbole du punch Lélé, coin de mythologie retrouvé au fond des savanes.

D'un geste brusque, elle relève sa robe et se la pique sur le flanc, d'un coup d'épingle.

Et, au milieu de cet essaim troublant, aux odoriférances affollantes, de mulâtresses drapées de soie, chamarrées de colliers de choix en or fin et constellées de pierreries étincelantes comme des chasubles de gala ou des couronnes de la Vierge, la reine du Bel-Air danse à son tour.

Comme son prédécesseur, elle a des poses endiablées et incendiaires que rehausse encore l'étroite et luxurieuse bande de chemise de batiste, laissée entrevue par le retroussis de la jupe et la saillie d'une jambe aux rondeurs palpitantes.

Elle danse, la fée aux pieds étroits, elle voltige la reine du Bel-Air agitant son chacha ainsi qu'un thyrse.

Et, derrière elle, des gens immobiles tiennent à bout de bras, dextrochères humaines, des torches résineuses enflammées, qui mettent çà et là des lueurs jaunes et vertes de coucher de soleil et de rouges reflets d'incendie.

Et, à travers ce miroitement fumeux, elle semble à la fois une Elfe descendue du ciel bleu et un Incube échappé à l'enfer.

Soudain, elle s'arrête.

Et en même temps qu'elle, les buveurs.

Les verres de kirsch, de rhum, de kummel, de cognac, de punch Lélé, ces délices, fait de rhum, de muscade râpée, de bitter d'Angostura et de sirop de sucre, de bavaroises composées de lait, de muscade, de vanille et de rhum, autre friandise; les verres qu'emplissent de belles filles aux formes savoureuses, le Lélé (1) à la main, les verres se vident, subitement.

(1) Sorte de mouvette à quatre branches, indispensable à la confection du punch Lélé.

Et sous les manguiers, les tamariniers et les sabliers, — où se coudoient, mobilier hétérogène, le guéridon en acajou ou en mahogany, la table en bois de sape (sapin d'Amérique), voir des tonneaux recouverts d'une nappe blanche et immaculée, devant lesquels les sièges les plus dissemblables, des bancs, des chaises, des berceuses en chêne d'Amérique faisant face à des berceuses en bois tourné d'Autriche, tout un bric à brac, fleurant luxe et misère, — le vide se fait...

Vidé !!!...

La farandole commence.

Elle va, vient, ondule, bouscule, hennit et hurle.

Un sabbat.

Les tonneaux renversés roulent; les chaises, les fauteuils, les berceuses, les guéridons, les tables sont emportés comme fétus par le vent.

Et, dans la bagarre, pleuvent les coups de pied, les coups de poing, les coups de tête qui abattent parfois leur homme.

Le Vidé !... C'est le cyclone de la danse.

Un tourbillon, une gyration, un charme, une magie folle, un abandon divin, une extase animée de fumeur d'opium ou de mangeur de haschisch.

Oh, la Martinique ! la Martinique ! Avec ses

vertus, ses femmes, ses voluptés, ses chants et ses Vidés !

On y va, on la quitte, on y revient, forcément !

Pauvre Martinique !...

TABLE DES MATIÈRES

	Pages
Les Ouragans	11
Le Cyclone du 18	48
Les Dépêches	163
Page du Livre d'Or de l'Infanterie de Marine	189
Courage civique	201
Nomenclature des Ouragans depuis 1643	205
Un mot de définition sur les phénomènes cyclonaux et sismiques	315
Historique	339
La Vie à la Martinique	371

CE LIVRE

TIRÉ EN SIX JOURS

PAR CH. LÉPICE

IMPRIMERIE DU PROGRÈS

A ASNIÈRES

A ÉTÉ ACHEVÉ

LE

19 DÉCEMBRE 1891

ASNIÈRES

IMPRIMERIE DU PROGRÈS. — CH. LÉPICE

7, rue du Bois. 7

www.ingramcontent.com/pod-product-compliance
Lightning Source LLC
Chambersburg PA
CBHW051830230426
43671CB00008B/899